공화주의적 국정운영

이 도서의 국립중앙도서관 출판시도서목록(CIP)은 e-CIP홈페이지(http://www.nl.go.kr/ecip)
에서 이용하실 수 있습니다. (CIP제어번호 : CIP2008001859)

공화주의적
국정운영

임채원 지음

한울
아카데미

공화주의 정당의 출현을 기다리며

　지리한 20년이었다. 이제는 어정쩡한 정체성을 털고 일어나 본격적인 연구자로서 돌아갈 수 있을 것 같다. 대학 1학년 때부터 학생운동을 곁불 쬐기 시작하면서 20년이 흘렀다. 그리고 개인적으로 낸 결론은 2008년 한국 정치에 필요한 것은 "공공선(res publica)을 주창하는 자유시민들의 공화주의 정당" 출현이라는 것이다.

　2007년 대선을 끝으로 한국 민주화 운동은 이제 마감되었다. 민주화 운동이 모자라서가 아니라 이미 이 운동이 해야 할 역사적 소명을 다했기 때문이다. 정치적 이슈와 쟁점이 마감되는 것은 그 문제를 봉합하거나 억압할 때가 아니라 그 문제가 해소되고 해결되어 더 이상 정치적 논쟁의 소지가 없어지는 때이다. 이것이 바로 "정치의 역설"이다. 2007년 대통령 선거는 이 정치적 역설을 가장 극명하게 보여준 사례이다. 시민들의 마음속에서 민주화는 추억일 뿐 현재진행형이 아니다. 그리고 시민들의 마음속에는 세계사에서 유례를 찾을 수 없는 자랑스러운 한국 민주화의 자산이 자리 잡고 있다. 생활 속에 스며든 정치적 민주화의 과실은 역설적으로 더 이상 민주화가 사회적 쟁점이 되지 않을 만큼 미만해졌음을 웅변하고 있다.

그럼 한국 정치는 안정성과 지속성을 확보한 국정운영의 틀을 마련했는가? 여기에 동의하는 국민들은 거의 없을 것이다. 1987년 이후 5년 단임제 정부를 우리는 이미 네 번 경험했고 다시 다섯 번째 정부의 출범을 보았다. 민주화 이후 국정운영이 그 이전 시기보다 나아졌다고 시민들은 만족해하고 있는가? 시행착오가 점점 줄어들고 그래서 이번 정부에는 국정운영이 나아지고 다음 정부는 더 나아지리라는 기대를 시민들은 갖고 있는가?

아니다. 오히려 시간이 지날수록 국정운영이 더 혼란스러워진다고 시민들은 우려한다. 이는 개혁세력이 집권하거나 보수세력이 집권하더라도 별반 나아지지 않으리라는 불길한 예측들을 낳고 있다. 프랑스 3, 4공화국이나 전후 이탈리아 정치와 같은 혼란과 불안정의 시대를 살게 되는 것이 아닌가 하는 우려가 현실화되고 있다. 개혁세력에서도 보수세력에서도 안정적 국정운영과 예측 가능한 성장의 근거를 찾을 수 없는 이유는 무엇인가?

민주화 이후의 새로운 국정운영의 기본적인 틀이 필요하다. 개혁세력이 집권하든 보수세력이 집권하든 시민들에게 안정성과 지속성으로 삶의 안정을 줄 수 있는 국정운영이 절실히 요구된다. 민주화 이후 20년 동안의 국정 혼돈은 새로운 국정운영의 틀을 요구하고 있는 것이다.

인류사의 위대한 정치인들은 문제해결의 아이디어를 역사에서 찾았다. 그리고 그들은 당대의 시대적 과제에 대한 해법을 역사적 안목과 통찰에서 찾아냈다. 지금 한국에 필요한 민주화 이후 국정운영의 틀 역시 이에서 크게 벗어나지 않는다. 민주화 이후의 안정적이고 지속성이 있는 국정운영술(statecraft)은 비단 우리만의 문제가 아니었다. 아니, 인류사의 보편적 문제였다. 민주화 이후 안정적인 국정운영의 문제는 1798년 프랑스 대혁명 이후 프랑스의 국정에서, 1649년 청교도 혁명과 1688년 명예혁명 이후 영국의 국정에서, 1776년 독립혁명 이후 미국의 국정에서 모두 고민했던 민주화를 경험한 인류사의 보편적 문제였다.

국왕을 단두대로 보내고 구체제(ancien regime)를 폐지하고 난 뒤의 시민혁명가들은 당혹스러웠다. 구체제에는 왕권신수설에 기반을 둔 정치권력과 교황권에 근거한 종교권력으로 예측 가능하고 불확실성을 줄이는 질서가 존재했다. 시민의 자유라는 측면에서 '나쁜 정치'였지만 질서와 안정을 주었던 것이다. 시민혁명에 의한 민주화는 이 질서를 송두리째 날려버린 것이다. 그 이전에는 나빴지만 '정치'와 '질서'가 있었다. 구체제의 파괴 이후 새로운 질서의 창조라는 시대적 과제가 시민혁명가들에게 당면한 불똥으로 발 앞에 떨어졌다. 그리고 새로운 질서는 낡은 질서보다 더 많은 시민의 자유와 권리를 보장하고 더 높은 삶의 질 그리고 안정성과 예측 가능성을 담보하는 것이어야 했다. 그래야만 새로운 질서의 정당성을 시민들로부터 확보할 수 있었기 때문이다.

　그들은 해답을 역사에서 찾았다. 1인(one)을 대변하는 국가원수, 소수(few)를 대변하는 귀족, 다수(many)를 대변하는 시민이 공존할 수 있는 새로운 국정운영의 방법을 로마의 공화정과 살아 있던 베네치아 천 년 공화국에서 찾았다. 가스파로 콘타리니(Gasparo Contarini)의 표현대로 베네치아 공화주의 정체에서 다수제는 공화국 국회에, 소수제는 원로원과 10인 위원회로 대표되는 중추그룹에, 군주제는 군주제의 이점을 알리면서 그 결점을 배제한 원수에 각각 구현되어 이들을 모두 혼합한 형태로 국정이 운영되었다. 다수는 다수의 횡포로 흐르지 않고 소수는 소수대로 가진 권력을 남용하지 않으며 원수도 그 지위와 명성을 이용하여 군주제로 몰고 가려는 움직임을 보이지 않았다. 그들에게 민주화 이후의 새로운 국정운영은 바로 '공화주의적 국정운영'이었다. 그들은 역사 속의 공화주의를 다시 살려냄으로써 민주화 이후의 안정적 국정운영술을 개척할 수 있었던 것이다.

　그리고 무엇보다 개인의 자유와 공동체(commune)의 공공선(res publica)을 동시에 추구할 수 있는 국정운영의 틀로서 공화주의에 새삼 주목하게 되었던 것이다. 개인과 공동체, 자유와 공공선이 어느 한쪽에 치우치지 않고 균형을 잡을 수 있는 국정운영의 모델을 공화주의에서 발견했다. 그리고 그 가장 중심에 경제적으로 독립적이고 정치적으로 주권자이며 국가안보의 근간이 되었던 시민들의 삶을 살찌우는 국정운영의 아이디어를 공화주의에서 재생해냈다. 특히 베네치아 공화정에서는 현대의 우리가 주목할 수 있는 새로운 유형의 자유시민을 발견하게 된다. 극단적으로 말해서 공화주의의 목표는 그 공동체 안의 독립적 자유시민을 얼마나 튼튼하게 하느냐에 달렸다고 해도 과언이 아니다. 공화주의자들이 중세를 경멸하는 이유는 주종의 계약관계에 의해 국왕을 제외한 개인들이 종속적 지위에 있어 자유가 억압당하기 때문이다. 베네치아의 국정운영은 그들 바다 도시국가의 근간이었던 자유시민을 육성하고 보호하는 데 맞추어져 있었다. 베네치아 자유시민들은 선원(sea man)이었고 여행자였고 투자자였으며 정치적 참정권자였고 군인이었다. 이들의 자유를 위해 국가는 공공선을 강조하고 국가의 임무를 자유시민의 보호와 육성에 두었던 것이다.

　　2008년 한국에서도 필요한 국정운영은 이러한 인류사의 경험에 비추어보면 '민주화 이후 공화주의적 국정운영'일 것이다. 제2차 대전 이후 전 세계적으로 현실정치에서 한 번도 공화주의 논쟁이 본격적으로 일어나지 않은 것은 아이러니하게도 공화주의가 역사적 포지션을 소진했기 때문이 아니라 실질적인 '민주화 이후'를 겪은 나라가 대한민국을 제외하고는 달리 없기 때문이다. 20세기 역사를 통틀어 시민에 의한 민주화를 한국만큼 진전시킨 나라를 달리 찾을 수 있는가? 어떤 면에서는 한국은 세계가 주목할 만한 역사적 실험에 돌입한 것이다. 한국은 서구 민주국가를 제외하고 처음으로 시민에 의한 산업화와 민주화를 바탕으로 민주화 이후의 안정적인 국정운영의 틀을 만들어야 할 기로에 선 것이다. 앞으로 한국 역사는 세계정치사에서 민주화 이후 안정적 국정운영의 방법을 찾는 시금석이 될 것이다.

"민주화 이후 한국에 필요한 것은 공화주의적 국정운영이다."

이런 단정적인 결론에 얼마나 많은 사람이 동의해줄지 모르겠다. 그리고 현재는 일방적으로 매도당하고 있지만 머지않은 장래에 복원될 386 민주화 세력들이 얼마나 공감해줄지 두렵기도 하다. 공화주의의 공공선(res publica)이 1980년대의 뜨거웠던 열정과 함성 속에 여전히 형형히 녹아 있지 않을까 하는 작은 동질감도 기대해본다. 그 5월의 열기가 여전히 앞으로 수십 년 동안 한국 정치의 끈끈한 생명력과 건강성의 원류가 될 것이라고 믿는 그 좋았던 친구들이 무어라 할지도 자못 궁금하다.

개인적으로는 좀 긴 20년의 방황을 마감하고 내가 연구할 분야를 찾아 다행스럽게 생각한다. 내게 연구의 기회가 아직도 열려 있다면 공화주의의 사상과 정책을 한국 현실에 적용하는 작업을 진지하게 해보고 싶다. 이 초고 같은 글을 시작으로 '새로운 시작'을 한번 해볼 참이다.

뜻하지 않게 지난 20여 년간 운동과 정치의 현장을 직간접적으로 경험하게 되었다. 대학의 문을 열고 들어갔던 1986년 5월은 최루탄으로 뒤덮였다. 그해 5월에는 너무 많은 사람이 희생되었다. 김세진, 이재호 학형이 그랬고 이동수 학형이 그랬고 지금은 이름은 생각나지 않지만 국문과 선배가 그랬다. 게다가 김세진 학형은 두 살 위 형의 친구였기에 분노 이전에 참 무섭고 두렵기도 했다. 신림동의 그 판자촌 자취방에서 같이 밤을 보냈던 학형에 대한 비보는 그 후로도 오랫동안 긴 상흔으로 남았다. 그렇게 처음 접했던 운동과 정치는 그 후로도 20년 동안 내 주위를 크게 벗어나지 않고 맴돌고 있었던 것 같다.

심리적 압박은 이미 고등학교 때 맛보았다. 서울대 수학과를 다니던 형이 제적되었다는 통보로 부모님들이 괴로워하시던 기억이 새롭다. 형 덕분에 1986년에 당시 부산에서 인권변호사로 있던 더벅머리 시민운동가 노무현을 만났다. 그 당시 반미 운동이 한창이었고 형이 부산 미문화원 점거 사건으로 투옥되었다. 그때 무료변론을 '노변'이 맡았다. 당시 그분이 대통령이 되리라고는 생각도 못 했다. 지금도 우리 가족에게는 '노통'이라기보다는 '노변'으로 기억되고 있다. 운동과 정치는 그렇게 내 생활의 일부가 되어갔다.

대학 졸업을 전후해서도 그 무렵의 많은 친구처럼 혼돈과 부적응으로 한 시기를 보내고 있었다. 제도권 정치와 인연이 시작되었던 것은 2000년경부터 조그만 국회부설 연구소에서 연구원으로 적을 둘 때부터이다. 참여관찰이라는 형태로 현실정치 엿보기를 시작했고 전공을 의회제도 연구로 하려고 진지하게 고민도 했던 시기였다. 변화는 2002년쯤으로 기억된다. 2002년은 6월경에 지방선거가, 11월에는 대통령 선거가 치러지는 해였다. 마침 연구소와 한 유력한 보수언론이 공동으로 '대통령 후보와 시도지사 후보 평가위원회'를 꾸렸고 내가 실무간사로 참여하게 되었다. 덕분에 제도권 선거를 거의 10개월 동안 주의 깊게 지켜볼 기회가 생겼다. 시도지사 후보는 수도권인 서울, 경기, 인천 3개 지역의 주요정당 여야 후보로 여섯 명에 한정해서 연구를 하게 되었다. 여섯 명의 후보를 개별적으로 두 시간씩 직접 인터뷰한 일이 기억에 남는다. 당시 서울시장 후보로 나온 이명박 후보는 여섯 명 중 발군이었다. 한마디로 '준비된 서울시장 후보'였다. 10년 이상 서울시장을 준비했다는 체취가 저절로 느껴졌다. 서울에 대한 명확한 비전과 구체적 계획이 있었다. '수변공간으로서 청계천 복원, 뉴욕 시와 같은 버스전용차로제와 환승체계, 종교시설과 자원봉사자를 이용한 영육아문제 해결'이라는 세 개의 구체적 정책 프로그램을 갖고 있었다. '저 후보가 서울시장이 되겠구나, 그리고 성공한 메이어(mayor)가 되겠구나'라는 직관적인 느낌이 있었다. 물론 그때는 훗날 대통령이 되리라고는 생각도 못 했다.

대통령 후보로 나온 이회창, 노무현 후보에 대한 자료도 찾을 수 있는 것은 다 찾아본 기억이 남는다. 초임법관 시절과 초임변호사 시절의 글까지 모두 훑어보았다. 그리고 대선 후보들의 정책이 토론과 논쟁을 거치면서 1년 동안 어떻게 진화하는지도 지켜볼 수 있었다. 더 중요하게는 후보 자신이 대선후보로서 어떻게 단련되어가는지도 알 수 있게 되었다. 1년간의 선거기간은 그 후보 스스로가 대통령으로서 자질을 쌓아가는 수업시간이었다. 이회창, 노무현 후보 모두 그 해 봄과 겨울 사이에 너무나 판이하게 달라져 있었다. 적어도 비전과 정책분야에서는 그 세련됨과 식견이 일취월장해 있었다. 대통령 직선제가 비용이 많이 든다는 반론이 있기는 하지만 그 후보가 정치적으로 단련되기 위해서는 적어도 1년 이상의 검증과 선거과정이 필요함을 절감했다.

이런 저런 인연으로 2006년 6월에 있었던 지방선거에서 강금실 서울시장 후보 캠프의 전략기획실에 한 달 정도 참여하게 되었다. 현실 제도정치에 직접 참여해보기는 이때가 처음이었다. 이론으로 보았던 정책과 실제 선거에서 공약의 차이를 보았고 선거의 역동성을 겪어보게 되었다. 유권자가 원하는 후보가 어떤 후보인지, 시민들은 정치에 뭘 바라고 있는지 생생히 볼 수 있었다. 아니, 어떨 때 유권자들은 집권당을 외면하고 야당에 표를 던지는지 적나라하게 체험하게 되었다. 이때부터 성공하는 정당과 정치인은 어떤 이력과 공약으로 유권자에게 호소해야 하는지 조금씩 보이기 시작했다.

그 뒤에 학교 쪽 일에 빠져 있다가 2007년 여름부터 4개월 정도 통합민주당 대선후보 경선을 돕게 되었다. 민주화 세력을 위한 마지막 품앗이라는 생각을 했다. 이미 해체되고 있는 민주화 세력의 마지막 선거가 될 테니까, 이걸로 지난 20년간의 마음의 빚을 청산하자는 생각이 앞섰다. 이 선거 이후에는 한국에서 민주 대 반민주 구도는 역사 속으로 퇴장할 것이니까. 덕분에 민주신당 대통령 선대본 정책기획실장이라는 직함(?)까지 받아보았다. 이때 선거와 정책에 대해 많은 소중한 경험을 했다. 학교에만 있었다면 영영 알 수도 없었을 경험을 하게 되었다. 현실에서 유리된 채 이론을 위한 이론에 매몰되었을지도 모른다. 특히 표적집단면담(focus group interview)으로 주요 도시들을 돌고 서울에서 몇 차례 조사를 하면서 한국의 유권자들이 뭘 원하는지 생생히 볼 수 있었다. 선거기간 동안 가장 알찬 경험이었다. 이런 조사를 바탕으로 '가족행복'이라는 가족담론을 기획하고 한국 정치에서 실제로 적용했다. 더 진지하게는 2007년에 국민이 원하는 정치와 국정운영이 무엇인지 뼈저리게 체험하게 되었다.

이론적인 모색은 그 이전에도 있었다. 2006년 2월에 있었던 집권당의 전당대회에 '사회투자국가'를 제안했고 이것이 발화되어 참여정부의 국가모델로 전화되어나가는 것을 지켜보기도 했다. 새로운 정책 아이디어가 어떤 과정을 거쳐 국정운영의 목표가 되는지 지켜볼 수 있었다.

두 번의 지방선거와 두 번의 대통령 선거를 관찰자와 참여자로 경험하면서 낸 결론은 "2007년 대선 이후 앞으로 5년 이내에 한국 정치는 이제까지 경험해보지 못한 거대한 지각변동이 일어날 것"이라는 점이다. 신자유주의를 앞세운 보수정당도, 서민중산층을 공허하게 외치는 개혁정당도 국민들의 마음을 얻지는 못할 것이라는 점을 지난 시기의 경험을 통해 체득하게 되었다. 국민들은 다른 형태의 다른 정당을 원하고 있다. 보수정당도, 개혁정당도 민주화 20년 이후에 변화한 정치적 요구를 전혀 담아내지 못하고 있다는 것이다. 지금은 정치공급자인 보수정당과 개혁정당 이외에 달리 선택할 수 있는 대안이 없기 때문에 시민들은 마지못해 보수정당과 개혁정당을 번갈아가면서 지지하고 있을 뿐이다.

민주화 이후 20년의 변화에 대한 근본적 요구를 현재의 어느 정당도 채워주지 못하고 있다. 새로운 영혼과 정신을 가진 정치세력의 출현을 국민들은 기대하는 것이다. 우리나라 보수정당과 개혁정당은 선거기간과 비선거기간에 전혀 다른 이중적 얼굴을 하고 있다. 비선거기간 동안에는 지난 20년간의 관성적 정당활동으로 이완된 채 유권자의 정치적 요구를 묵살하거나 경시한다. 보수든 개혁이든 공급자 중심의 정치를 하는 것이다. 선거기간이 되면 그동안 묵살했던 대중적 요구를 정책과 공약에 반영해야 된다는 당위론이 주기적으로 등장한다. 그리고 국민의 요구가 무엇인지 선거기간 동안 주시하게 된다.

홍미로운 것은 이 시기에는 보수정당의 정책과 개혁정당의 정책이 거의 유사해진다는 점이다. 평소에는 차별성을 강조하던 두 정당이 이 시기에는 거의 대부분의 정책에서 공조를 이루게 된다. 특히 대통령 선거에서는 후반부로 갈수록 정책과 공약이 극심한 동조화 현상을 보인다. 이유는 지금 대다수의 국민이 원하는 것을 거의 동일하게 느끼고 있기 때문이다. 한국의 유권자가 원하는 것은 간명하다. "개인의 자유를 보장하고 경쟁을 장려하되, 그 결과를 방치하지 말고 약자에 대한 배려와 패자부활이 가능하게 해달라. 그리고 부모들 간의 경쟁의 승패가 자식에게까지 되물림되지 않게 해달라." 이 두 가지이다. 그리고 경쟁은 교육과 경제 분야에서 우선 적용되고 사회적 약자에 대한 국가의 개입은 복지와 사회투자 영역에서 우선 적용되어야 한다는 것이다. 또한 엄청난 교육열을 가진 한국 국민들은 교육영역의 경쟁이 부모의 재산에 의해서가 아니라 학생의 재능과 노력으로 결정되어야 한다는 믿음을 갖고 있다. 유권자 의식조사나 투표의 과정에 나타나는 표심은 이것에서 크게 달라지지 않는다. 이는 계층이나 지역에 상관없이 전국적으로 거의 고르게 나타나는 한국 국민들의 평균치이다.

이것이 한국 국민의 정치적 에토스이다. 이 단순한 정치적 요구를 제대로 결집할 수 있는 정당은 현존 제도권 정당에는 없다. 보수정당은 어설픈 탈규제와 시장주의로 스스로를 자유지상주의자로 포장하고 있다. 미국 시장주의를 전가의 보도로 사용하고 있어 스스로 유권자에게서 멀어지고 있다. 개혁정당은 민주화 이후에 분명한 자기 정체성을 정립한 적이 없다. 민주화 이후 담론을 체계적으로 생산한 적이 없다. 형식적으로 서민중산층을 내세우지만 실질적인 치열성은 느껴지지 않는다. 진보정당들은 조야하고 현실에 맞지 않는 생경한 정책으로 이질감을 강화하고 있어 대안세력으로 자리 잡고 있지 못하다.

국민의 요구를 그대로 흡수하여 자신의 정당의 자양분으로 삼고 있는 정치세력이 없는 것이다. 정치적 요구는 간명하다. "자유와 공공선, 개인과 공동체"를 동시에 보장하고 육성하는 것이 정치와 국정운영이 할 일이라는 것이다. 이를 한마디로 요약하면 어느 하나에 치우치지 말고 "공화주의적 국정운영"을 하라는 것이다. 보수정당은 자유와 개인에 치우친 나머지 공공선과 공동체를 구두선으로 치부하고 있다. 개혁정당 역시 그들이 무엇을 말하고 있는지 이해가 되지 않는다. 한국 정치사상 건국 이래 한 번도 본격적으로 공공선(res publica)을 전면에 내세우고 진지한 고민을 한 정당이 없었다. 자유에 대한 주장은 민주만큼이나 자주 언급되었지만 자유와 공공선의 긴장

관계에 대한 명쾌한 비전과 정책을 제시한 경우는 없다.

지난 20여 년간 개인적 경험 속에서 얻은 결론은 2007년 이후 비로소 한국에 제대로 된 공화주의적 지향을 가진 정당이 현실적으로 등장할 수 있는 물적 토대와 사회적 기반이 마련되었다는 것이다. 이 단순한 결론에 도달하는 데 미련하게 너무 오랜 시간이 걸렸다. 학부 시절에는 원론적 좌파이론이 당위적으로 옳다고 믿고 한국에서도 가능하리라고 순진하게 생각한 적도 있었다. 석사 때는 최병선 교수님의 지도로 하이에크(Hayek)와 중상주의 읽기에 빠져들었다. 박사 과정에서는 유럽의 신사민주의에 경도되어 사회투자국가론을 탐독했던 것 같다. 영국 공공정책연구소에 연락해서 책을 직접 구독하고 최신 자료를 어렵사리 구해서 밤새워 읽었던 적도 있었다. 그때 정용덕 교수님의 국정운영에 대한 거시이론을 배울 수 있었다. 이달곤 교수님의 도시정책 강의 시간에 베네치아 공화주의를 처음으로 접하게 되었다. 그때의 경이로움은 지금도 새록새록하다. 여기에 길이 있지 않을까 하고 새로운 가능성을 발견했다. 석사 때부터 지금까지 못난 날 채근하시고 염려하시는 김병섭 교수님께 늘 감사드리고 있다. 그리고 무엇보다 이만큼의 느린 포물선의 궤적을 그릴 수 있었던 것은 김광웅 교수님과 오연천 교수님의 배려 덕분이다.

무엇보다 지난 10여 년의 좌충우돌에서 가장 큰 행운은 박동서 교수님의 배려와 가르침이었다. 말년의 박 교수님께 은혜를 많이 입었다. 원로석학의 많은 가르침을 받았다. 신문을 보거나 시사적인 문제에서 궁금한 것이 있을 때는 아침마다 전화를 드려서 자주 여쭈어보았다. 노학자의 혜안과 통찰은 저런 것이로구나라고 절로 감화되었다. '모리와 함께한 화요일'처럼 거의 2주에 한 번꼴로 여의도 식당에서 만나 12시 반부터 오후 4시경까지 많은 말씀을 경청할 수 있었다. 인생에서 가장 값진 행운이라고 생각한다. 그 문답법을 일생 동안 달리 경험할 수 있을까? 선생님께서 민주화 이후에 한국에 실질적으로 행정이념과 국정철학이 필요한 때가 되었다고 그걸 한번 연구해보라고 말씀하셨다. 그리고 개인적 경험이 있으니 그 분야로 계속 연구해보는 것도 나쁘지 않을 것이라고 조심스레 말씀해주신 것이 기억에 남는다.

부끄럽기 짝이 없는 공화주의에 대한 초고를 내놓게 된 것도 이제 더 이상 외도 없이 학교에 충실해야겠다는 위기감 때문이다. 교수님께서 좀 더 진지하게 학구적일 것을 늘 주문하셨다. 자신이 일생 동안 연구할 수 있는 주제를 잡아 천착해보는 것이 의미가 있는 작업이 될 것이라 말씀하셨다. 이 초고를 털어내고 이제 좀 더 본격적인 공화주의 연구에 전념해볼 작정이다. 마지막으로 늘 염려해주시는 안병영 교수님과 윤재풍 교수님께도 감사의 말씀을 올린다. 특히 박동서 교수님 2주기에 즈음해서 나온 유고집은 윤재풍 교수님과 김동욱 교수님의 정성과 노력의 결과물이라고 감히 생각된다. 교수님, 그동안 수고 많으셨습니다.

차 례

1
대통령의 국정운영술

▌ 반환점 증후군

　참여정부는 왜 실패했다고 비판받고 있는가? 이명박 정부의 성공 조건은 무엇인가? 1987년 이후 등장한 정부들은 기대와 실망 그리고 좌절이라는 국정운영의 비슷한 경로를 보여주었다. 일각에서는 민주정부의 무능론을 들고 나오고 박정희식 국정운영에 대한 향수도 부추기고 있다. 민주화 이후 한국 정치는 민주화에 따른 변화의 조건들에 적응하지 못하고 표류하고 있다.

　1987년 이후 5년 단임제 정부들은 대통령의 지향과 소신은 달랐어도 그 행태는 묘한 일치를 이루고 있다. 1987년 이후 등장한 5년 단임제 정부들은 한결같이 반환점 증후군(half point symptom)을 겪게 된다. 집권 3년차를 기점으로 정권이 조급증을 드러내고 정치지형이나 정치현실과는 맞지 않는 돌출적인 사건을 일으킨다. 그리고 이 돌출적인 사건은 역설적이게도 그 정권의 성격을 가장 적나라하게 보여주는 사건으로 기록되고 있다.

집권 당시의 새로운 기대와 높은 지지, 그에 연이은 무능한 국정운영 그리고 집권의 반환점을 도는 시기에 예상치 못한 돌출행동, 마지막으로 반전의 기회를 찾지 못하고 식물정권으로 전락하는 엇비슷한 궤적이 나타났다. 아마도 청와대에 있으면 정권이 반 바퀴를 도는 시점에서 자신의 정권에 대해 회고와 전망을 하는 것은 자연스러운 일일 것이다. 5년짜리 정권에서 2년 반 동안의 업적을 돌아보게 되고, 그 짧은 시기에 뭔가를 성취하지 못했다는 초조감에 빠지게 되는 듯하다. 역사적으로 정치적 성과를 낸 집권자 중에 2년 반이란 짧은 기간 동안 큰 성취를 이룬 인물을 찾기는 어렵다. 그만큼 2년 반의 시간은 성과를 만들기에는 짧은 기간이다. 5년 단임제 정부의 경우 처음 1년 예산은 지난 정부에서 만들어놓은 것을 집행하는 데 불과하고 2년째부터 자신의 국정철학에 근거한 예산계획을 편성할 수 있다. 그러나 집권 1년차 정부는 국정운영 경험이 없기 때문에 또 다른 시행착오로 예산 계획을 자신의 정치적 의도에 맞게 편성하기란 쉽지 않다. 이런 와중에 2년의 세월이 흘러간다. 그리고 집권 3년차에 반환점을 돌게 된다.

이 시점에서 국민적 기대는 실망으로 이어지기 십상이고 대통령은 반환점을 돈 시점에서 정치적 성과가 없다는 초조감이 밀려오는 듯하다. 그리고 청와대 밤하늘에서 고민은 깊어가고 뭔가 정치적 성과를 내야 한다는 조급증에 사로잡히게 되는 모양이다. 정권의 반을 돈

시점에서 2년 반을 회고하고 퇴임 후를 상상해보는 것은 어쩌면 지극히 당연한 고민일 것이다. 권력을 이미 쟁취한 단임제 대통령이 가장 고심하는 것은 역사에 어떤 대통령으로 기록될 것인가 하는 점이다. 한 국가 권력의 최고 정점에 이른 그가 더 이상 올라서기 위해 투쟁해야 할 대상은 존재하지 않는다. 대신 현실 세계의 권력에서 좀 벗어나 역사적 관점에서 고민하는 시간이 늘어나게 된다. 권력의 반환점은 이런 고민을 더 깊게 만드는 자기 성찰의 시간이 될 것이다. 물론 이 성찰의 순간에 가장 큰 고민은 '역사에 나는 어떤 대통령으로 기록될 것인가?' 하는 점이다. 민주화 이후 20년 동안 대통령들의 속마음을 가장 적나라하게 드러낸 때가 아마도 이 시기일 것이다.

그러나 이런 역사투쟁이나 속마음의 표출은 현실 정치세계와는 일정한 거리가 있다. 그래서 북악산 산중턱에 자리 잡은 높다란 청와대에서 숙성된 대통령의 개인적 고뇌는 정치현장의 감각으로 볼 때 돌출적이고 생뚱맞기까지 하다. 민주화 이후 역대 대통령의 고민이 가장 적나라하게 표출되지만 정치지형과 그의 정치기반에 근거해서 본다면 이질적인 것들이다.

김영삼 정부는 군정 종식과 문민정부의 등장이라는 기대로 시작했지만 반환점을 도는 동안에도 구체적인 새로운 정치비전을 제시하지는 못하는 관성적 국정운영을 보여주고 있었다. 민주화 세력이 주도한 집권이라는 역사적 성과에도 불구하고 국정운영에서 그 이전 권위주의 정권과 뚜렷한 차이를 보여주지 못했던 것이다. 청와대 개방

등 손쉬운 가시적 변화는 있었지만 민주화 이후의 새로운 국정운영의 비전과 방식을 보여주기에는 역부족이었다. 이러한 관성적인 국정운영 방식은 그 이후에 등장한 정부에서도 그대로 이어지고 있다.

전격적으로 단행된 하나회 해체라는 일회성 정치사건 이외에 요란한 시작에 비해 민주화 이후의 새로운 국정운영의 방법을 보여주지는 못했다. 반환점을 돌 무렵 김영삼 대통령은 '천하제일복지(天下第一福地)'란 팻말이 적힌 북악산 산중에서 혼자만의 고민에 빠졌을 것이다. 평생을 민주화를 위해 살아온 민주투사라는 자부심을 가진 그가 2년 반 이후 대통령에서 물러났을 때 어떻게 평가될 것인가 하고 자문하지 않을 수 없었을 것이다. 1987년 민주화 이후 민주세력의 분열로 정치적 소수로 전락한 그는 대통령 선거에서 다수를 확보하는 방법으로 보수세력과의 연합을 단행한다. 1990년에 5공세력과 3공세력을 합쳐 민정당을 결성하고 이를 기반으로 1992년에 집권을 하게 된다. 태생이 다른 민주화 세력과 보수세력의 동거정부 형태를 취하게 되었던 것이다. 정치적 역량의 한계를 인정하고 다른 정치세력과 연합을 통해 집권하기는 했지만 그에게 이런 방식의 합종연횡은 스스로에게 부담일 수밖에 없었을 것이다. 1970년대와 1980년대를 통해 정치적 전선의 대립점이었던 세력과 정치적 운명을 같이한다는 것은 스스로에게도 용납하기 힘든 상황이었을 것이다. 그러던 중 집권 3년차인 1995년 10월에 노태우 비자금 사건이 폭로되고 국민들은 2,300억 원 대에 이르는 천문학적 숫자로 인해 충격에 휩싸인다.

5공세력의 비자금 사건은 역사적 성과에 대해 고민하던 김영삼 대통령에게 정치적 기회를 제공한다. 이 사건을 단순히 전직 대통령의 권력형 비리 차원에서 다룬 것이 아니라 '역사 바로 세우기'라는 거창한 정치적 사건으로 몰고 간 점이 바로 이를 뒷받침해준다. 그해 12월 두 전직 대통령의 수감이라는 사건으로 대미를 장식했던 역사 바로 세우기는 과거와의 절연은 선언했으나 미래의 국정운영은 어떻게 하겠다는 새로운 비전은 담고 있지 못했다.

권력은 진공을 싫어한다고 했다. 김영삼 정부의 집권은 그 자체가 당시 정치적 힘의 균형상태를 의미한다. 문민정부의 권력기반은 영남 민주화 세력과 5공세력의 연합이었다. 5공세력과의 절연은 권력의 한 축이 무너지는 진공상태를 의미한다. 이 진공을 채워줄 새로운 국정운영의 틀이 제시되어야 했다. 그러나 김영삼 정부는 이 진공을 채울 창조적 상상이 없었다. 그 이후는 정권의 하락 국면이었다. 하여 한보사태를 시작으로 IMF 외환위기라는 초유의 식물정권 상태로 정권을 마감하게 된다.

김대중 정부 역시 반환점 증후군에서 예외가 아니었다. 수평적 정권 교체로 전통 민주세력에 의한 정권의 창출이란 의미를 스스로 부여했다. 그러나 김대중 정부도 역시 취약한 정치적 기반을 상쇄하기 위해 충청권을 중심으로 한 보수세력 일부와 결합하여 집권했다. 국정운영 방식은 김영삼 정부와 크게 달라진 것이 없었다. 민주화 이후 국정운영의 새로운 방식의 제시라는 측면에서 문민정부와 마찬가지의 한계를 안고 있었다. 외환위기를 극복한다는 명분으로 IMF가 권고한 자유주의적 개혁을 진행하게 되고 그의 계층적 기반이었던 서민과 중산층의 경제적 이해와는 일정한 균열이 있었다. 김대중 정부 역시 집권 3년차에 접어들도록 고유한 정치적 비전을 보여주지 못하고 있었다. 일부 대북정책에서 전향적 태도를 예외로 한다면 그 이전 정부와 크게 달라진 점을 찾기는 힘들다. '생산적 복지'라는 새로운 패러다임을 도입했지만 구체적 정책으로 제도화되는 데에는 한계를 드러냈다.

집권 3년차인 2000년 2월에 임동원 통일부 장관의 해임을 빌미로 DJP 연합은 파기된다. 현상적으로는 대북정책에 대한 민주당과 자민련의 시각 차이라는 데 별 이의가 없다. 국민의 정부가 자민련과 결별하게 된 가장 큰 원인은 앞서 김영삼 정부의 인식과 크게 다르지 않을 것이다. 이 경우 역시 반환점 증후군이 전형적으로 나타난 사례이다. 소수정권이면서 그 이전 정부와는 다른 철학과 정책을 보여주어야 한다는 부담을 안고 있으면서도 구체적인 방법과 성과를 보여주지 못하고 있었던 것이다. 그 이후 권력형 비리와 부패로 국민의 정부 역시 실패로 마감한다.

노무현 정부는 반환점 증후군을 가장 전형적으로 보여준 사례이다. 이는 노태우 비자금 폭로, 임동원 해임 건의라는 외적 계기에 의해 표출되었던 이전 정부들의 반환점 증후군과는 달리 대통령의 정치적 결단이라는 내적 동기에 근거해 있다. 이런 측면에서 노무현 대통령은 상황의 흐름을 중시했던 이전 대통령보다 더 원칙적인 성향을 지녔다고 평가할 수 있다. 지역주의 청산과 정책 중심의 정당체계를 정치개혁의 화두로 삼았던 노무현 대통령은 반환점을 전후하여 개인적 고민의 일단을 드러낸다. 그리고 그 고민은 가장 극적인 방식인 '대연정 제안'으로 나타났다. 그러나 이 제안은 전통적인 지지계층의 이탈로 참여정부의 권력 기반을 근본에서부터 허물게 된다. 그리고 그 이후 지지층을 복원하지 못하고 정권교체로 정치적 실험을 마감한다.

▌ 이명박 정부의 성공조건

민주화 이후에 등장한 대통령들이 초기 인수위 시절 국민적 지지와 기대를 받았는데도 5년 후에는 모두 볼품없이 낮은 지지율로 실패한 대통령이란 비난 속에서 마감을 하게 되는 이유가 무엇인가? 예외 없이 이와 같은 반복이 나타나는 것은 대통령 개인의 자질이나 철학의 문제가 아니라 좀 더 근본적으로 국정운영의 틀 자체에 결함이 있기 때문이다.

1987년 민주화는 그 이전 권위주의 시대의 국정운영과 달리 민주화 시대의 국민적 요구에 걸맞은 새로운 국정운영의 틀이 제시되어야 한다. 1987년 이후 정부들은 집권 세력의 교체에는 성공했어도 국정운영 방법의 교체에는 실패한 것이다. 이에 민주화 이후의 새로운 국정운영술(statecraft)이 요구되는 것이다. 권위주의 시대에 박정희는 자신만의 고유한 국정운영술을 지니고 있었다. 1인지배 혹은 과두제 지배의 국정운영술로 국민적 지지와 동원을 끌어내어 오늘날에도 성공한 대통령으로 대중적 평가를 받고 있다. 그는 역대 대통령 평가에서 언제나 수위를 달린다. 지식인 사회에서 그를 비판하는 것과는 무관하게 그는 업적과 대중적 지지를 구가하고 있는 것이다.

민주화 이후에는 국민적 지지와 높은 기대에도 불구하고 박정희식 국정운영을 능가하지 못하는 것은 민주화 시대에 걸맞은 국정운영술을 보여주지 못했기 때문이다. 지금 우리 정치에서 필요한 것은 민주화 이후의 새로운 국정운영술이다. 민주화 이후의 국정운영술을 갖지 못한다면 새로운 정부들 역시 이전 정부의 실패를 답습할 것은 예견된 수순이다.

이명박 정부는 성공할 것인가? 이명박 정부 역시 민주화 이후의 국정운영의 새로운 패러다임을 보여주지 못한다면 이전 정권과 마찬가지로 실패로 마감할 것이다. 민주화 이후 20년 동안 한국 사회는 민주화 이후에 걸맞은 국정운영술을 개발하고 있지 못하다. 이것이 국민들로부터 불신받는 정치와 행정의 근본원인이다. 이것 없이는 이명박 정부 역시 5년 뒤에는 또 한 번 실패한 정부로 기록될 수도 있다. 이것 없이는 그 다음 정부의 성공 역시 요원할 것이다.

▌드골의 국정운영술

민주화 이후의 국정운영은 새로운 정치환경에 적응하는 새로운 국정운영술을 요구하고 있다. 변화하는 불확실성에 철학과 원칙을 중심으로 적응해나가는 것이 성공적 국정운영을 할 수 있는 기반이 된다. 이러한 국정운영술을 보여준 20세기의 대표적 정치인은 프랑스 5공화국을 탄생시킨 드골이다. 드골이 불확실성을 극복해간 방법에서 한국 민주화 이후의 국정운영술에 관한 실마리를 찾을 수 있을 것이다.

드골이 권좌에 오르기 전에는 수년 동안 정국이 불안하던 내각제 국가 프랑스와 이탈리아는 한 달 간격으로 번갈아 수상을 교체하고 있었다. 그러나 드골 시대에 이르러 프랑스는 정치안정을 되찾은 데 반해 이탈리아는 아직 그렇지 못하고 있는 실정이다. 조금만 주의 깊은 헌법 학자라면 프랑스의 제3, 4공화국 정국 불안을 극복할 새로운 정부형태를 착안할 법도 했는데, 드골만이 그 필요성을 내다보는 능력과 그런 정부를 운영할 권위를 가졌다.

드골의 이러한 통찰력과 실행력은 이미 40대 초반에 형성되고 있었다. 이 젊은 날의 새로운 불확실성에 대한 통찰은 드골이 5공화국을 만드는 데 중요한 정신적 자산이 되었다. 드골은 40대 초반인 1932년에 『칼날(The Edge of Sword)』을 당시 육군 교관으로 있던 육군대학에서 강의용 소책자로 발간한다. 이 책에서 드골은 군인으로서 제1차 대전에 참전하면서 겪었던 경험을 바탕으로 변화하는 현대전에 대한 통찰을 보여주고 있다. 가장 중요한 것은 군사기술의 변화에 따라 그 이전의 육군 교범과 전술이 쓸모없는 것이 되었으며, 이에 따라 불확실성이 증대되었고, 새로운 변화에 적응하는 새로운 군사전술이 요구되고 있음을 강조하고 있다.

드골은 대위로 제1차 세계대전 동안 독일전선에 참가했고 마지막에는 독일 포로로 종전을 맞는다. 그가 이 전쟁을 통해서 본 것은 기계화 부대의 등장에 따라 전쟁의 근본개념이 변화하고 있다는 것이었다. 보병과 기병을 중심으로 한 전통적인 군사전술은 더 이상 새로운 환경에 유효하지 않으며 새로운 기계화 전술로 변화해야 한다는 점이다. 그는 일찍이 육군의 마지노선(Maginot Line)에만 의존하는 국가방위전략의 위험성을 경고하고, 히틀러에 대한 무조건 항복의 요구를 반대하며, 제4공화국의 나약한 정치기구의 개선을 위해 거의 홀로 싸우다시피 했다.

1934년 드골은 현대전쟁의 성격에 대한 이론을 『미래의 군대(The Army of the Future)』라는 책으로 발표했다. 그가 주장하는 핵심은 내연기관의 발명과 이에 따른 기술혁명이 지금까지 싸워온 전투방식을 구시대의 유물로 만들고 있다는 것이었다. 즉 "기계가 이제 우리의 운명을 지배하는 시대가 도래한 것이다"라고 그는 강조했다. 기계가 우리 생활의 모든 분야에 변혁을 일으켰는데 전쟁이라고 예외가 될 수 없다는 것이다.

그는 10만의 정예군으로 완전 기계화된 여섯 개의 기계화사단을 창설해야 한다고 제안했다. 과거 전투에서 수적 우세와 압도적 방어화력이 승패를 결정했듯이 기동력과 공격적인 타격력이 미래의 전투를 결정한다고 강조했다.

독일군이 침공하기 4개월 전 그는 정부당국이 아무리 마지노선의 방어를 강화한다 하더라도 적은 이를 돌파하거나 우회할 것이라고 경고했다. 그리고 일단 돌파만 되면 전 마지노선은 그대로 붕괴할 것이며, 그곳에서 수도 파리까지는 자동차로 불과 여섯 시간 거리라고 지적했다. 그리고 계속해서 『미래의 군대』에서는 다음과 같이 예언하고 있다. "과거 100년 동안의 전례를 볼 때 파리가 함락되면 프랑스군의 저항은 한 시간 내에 붕괴되었다." 1940년 6월 14일 파리는 함락되고 드골의 비극적인 예언은 적중하게 된다.

드골의 이러한 통찰력은 고정되지 않고 변화하는 것을 그대로 수용하고 재빨리 적응해가는 그의 접근법과 능력에 의해 길러진 것이다. 드골은 제1차 세계대전을 통해 전쟁기술이 변하고 있다는 것을 재빨리 간파했다. 보병과 기병에 의한 전통적 전술이 더 이상 쓸모가 없으며 내연기관의 발명에 의해 기계화 사단이 앞으로 전쟁을 주도할 것임을 본능적으로 파악했다. 반면 프랑스의 육군 수뇌부는 전통적인 방식에 집착하며 드골의 주장을 수용하려 하지 않았다. 이때 드골을 반대한 대표적 인물이 육군대장을 지내고 괴뢰정부의 수반이 되었던 비시(Vichy)였다.

변화에 의해 불확실성이 증가할 때 가장 두려움을 느끼는 것은 변화를 따라가지 못하는 전통적인 관념에 사로잡힌 보수적 집단들이다. 이 집단은 변화 이전의 체제에서 기득권익을 확보하고 있는 것이 일반적이다. 변화한 조건에 의해 전통적 교범과 매뉴얼은 더 이상 쓸모없는 것이 된다. 그러나 이러한 변화는 내적 자기 혁신을 통해서라기보다는 외적 충격에 의해 수용되는 경우가 더 일반적이다. 프랑스군부 역시 패전이라는 값비싼 대가를 치르고 난 뒤에야 새로운 변화를 따라가게 된다.

제5공화국 창설에서도 드골의 이러한 통찰은 결정적인 정치적 자산으로 작용한다. 제5공화국 창설에서 드골이 가장 핵심적인 것으로 간주했던 것은 '안정성(stability)'이었다. 드골은 제4공화국의 내각제가 프랑스의 정치문화에 맞지 않는 외투 같다고 보았다. 드골이 경고한 것은 의원내각제를 전후에 부활하게 되면 정치적으로 작은 충격에도 무너지고 마는, 취약하고 무능한 연립내각을 계속 구성할 수밖에 없을 것이라는 점이다. 오랜 세월이 지난 후 드골은 이런 말을 했다. "의원들은 행동을 마비시킬 줄만 알았지, 아무도 행동을 시작하게 하지는 못했다."

드골은 프랑스가 본질적으로 라틴 국가라는 것을 잘 알고 있었다. 푸에르토리코 지사를 역임한 마린(Luis Munoz Marin)은 라틴 유산을 이렇게 말했다. "라틴 유산은 자부심을 느낄 만하다. 교회와 가족에 대한 봉사와 헌신, 그리고 철학과 음악, 예술분야에서 이룩한 공헌은 존경받을 만한 것이다. 그런데 라틴 사람들은 정치에서는 시원치 않다. 가장 큰 결함은 자유와 질서의 균형을 제대로 잡지 못한다는 점이다. 문제는 늘 극단으로 치닫는 데 있다. 지나친 질서로 자유를 억압하든가 아니면 지나친 자유가 질서를 죽이는 데 문제가 있다." 드골의 천재성은 이런 정확한 균형과 이를 통한 안정을 프랑스에서 이룩했다는 점이다.

▌민주화 이후의 국정운영술

우리나라 역시 드골 이전의 프랑스처럼 1987년 민주화 이후에 주기적인 국정불안에 시달리고 있다. 역대 5년짜리 정부들 중 어느 정부도 국정 안정을 이룩한 정부로 평가하기 힘들다. 인수위 시절과 초기의 높은 국민적 기대와 지지율, 국정운영 방향에 대한 혼란, 독선적 국정운영, 경험의 미숙과 단기적 성과에 집착, 반환점 증후군, 부패의 폭로, 낮은 지지율에 따른 정치적 무력증이 거의 예외 없이 나타난다. 프랑스 제3, 4공화국과 같은 내각제는 아니지만 권력이 집중되는 대통령제하에서도 정국 불안은 주기적으로 반복되고 있다. 이러한 정국 불안에 대한 근원적 진단과 처방 없이는 앞으로 등장하는 정부들도 국정실패를 반복할 것이다.

이 같은 정국 불안은 왜 반복적으로 나타나는가? 이런 불안을 극복하고 성공적인 국정운영을 하기 위해서는 어떤 진단과 처방이 뒤따라야 하는가?

가장 근원적인 문제는 박정희 중상주의체제를 해체한 이후에 새로운 국정운영의 방법이 정립되지 않았기 때문이다. 더 나아가 국익(national interest) 중심의 사고를 대체할 새로운 국가운영 철학이 재정립되지 않았기 때문이다. 박정희 중상주의체제는 개인의 자유와 공동체의 공공선(public good)을 국익의 이름으로 희생시켰지만 그 체제의 고유한 균형과 질서를 유지하고 있었다. 반면 박정희 이후 체제들, 특히 1987년 민주화 이후 정부들은 이를 대체할 만한 새로운 국정운영술을 보여주고 있지 못하다. 국가주도의 중상주의체제를 해체하는 방법으로 신자유주의가 원용되었다. 국익중심체제를 해체하고 개인과 기업의 자유(liberty)를 강조하지만 이해관계가 다른 개인과 집단들이 협력하고 공존할 수 있는 안정적인 새로운 자유와 질서를 만들어내지는 못하고 있다.

더 나아가 국익을 대체할 철학적 기반으로 개인의 자유를 강조하고 있지만 각 정치집단의 이익을 제대로 조정하고 있지 못하다. 명목상으로 다른 가치보다 지나치게 자유와 분권을 강조하지만 실질적으로는 여전히 국가주의적 국정운영이 온존해 있다. 또한 자유와 분권을 강조함으로써 공동체나 국가적 차원의 조정과 통합에서는 실패한 사례들도 있다.

철학적 기반	박정희 중상주의	신자유주의	마르크스주의	공화주의
핵심적 가치	국가, 국익	개인, 자유	계급, 평등	공동체, 공공선

이러한 불안한 국정운영과 철학의 빈곤이 지난 20년 동안 '민주정권 무능론'으로 이어지고 있다. 다른 한편 민주정부들은 오만과 독선으로 비판받기도 한다.

민주정부들은 1987년 이후 박정희 중상주의 체제를 해체하는 정치적 철학과 정책으로 신자유주의를 원용했다. 당면한 정치적 과제가 국익 중심의 지나친 중앙집권체제를 해체하고 국민에게 자유와 인권을 돌려주어야 하는 것이었다. 사회경제적으로 국가 주도, 관치금융, 지나친 중앙집권을 해소하기 위해서는 자유주의와 분권의 논리가 정당한 것으로 평가되었다. 다른 한편에서는 1980년대 이후 세계적 조류가 되어버린 신자유주의로 국정으로 운영하는 것이 세계적 경향성에도 부합하는 것으로 여겨졌다. 그러나 이런 자유주의 일변도의 개혁 방식으로 새로운 국정운영의 틀을 완성할 수는 없었다. 자유주의 못지않게 중요했던 공공선이나 평등의 문제를 제대로 수용할 수 없었기 때문이다.

돌이켜보면 민주정부 내부에서 박정희 중상주의를 극복하고 신자유주의를 주도적으로 수용할 수 있는 지적 준비가 부족했다고 보아야 할 것이다. 1980년대 저항정신의 중요한 관점이 되었던 계급적 관점은 또한 노동계급의 이익에 중심을 두고 있는 것으로 다양한 정치세력의 균형을 찾는 관점은 아니었다. 따라서 민주정부 내부의 지적 축적은 중립적 국정운영의 철학과 정책을 준비하는 데는 한계를 지니고 있었다. 민주정부들은 1987년 이후 국정운영에 관한 뚜렷한 철학과 비전을 갖고 있지 못했다. 재벌, 중소기업인, 노동자와 농민 등 이해관계가 다른 사회적 세력들을 하나로 묶어 국정을 운영할 준비가 제대로 되어 있지 않았다.

민주정부의 준비 부족은 민주정권 무능론으로 비판받게 된다. 기득권층의 효율성의 관점에서 보면 부패를 일부 용인하더라도 관료적 효율성이나 통치의 일사불란함을 민주정권에서 찾아볼 수 없기 때문에 무능하다는 비판을 하게 된다. 그러나 이런 기득권익에 기초한 특정 집단에 의한 비판보다는 국민 일반 정서로 제기되는 총괄적인 무능론이 제기되었다. 국민들이 민주정부를 지지한 이유는 대통령에 의한 독선적 국정운영과 달리 국민적 합의에 기초한 민주적 국정운영을 보여줄 것으로 기대했기 때문이다. 민주화 이전의 국익중심체제를 해체하고 각 사회세력의 이익에서 합의를 도출하여 민주적이고 사회통합적인 국정운영을 해줄 것으로 기대했기 때문이다. 1987년 민주화 20년이 지난 시점에서 민주정부들은 권위주의 정권의 해체에는 유능했지만 그 이후 새로운 질서를 만들고 국정을 운영하는 능력에서는 한계를 드러낸 것으로 평가하는 국민들도 있다.

다른 한편에서는 민주화 세력은 사회세력의 통합 능력에서 도덕적 우월성을 강조함으로써 독선적이라는 비난을 받기도 한다. 세칭 '코드인사'로 표현되는 인사관행은 이에 관한 극단적인 예다. 계급적 관점에서 보면 집권세력이 그들의 세력을 중심으로 국정을 운영하는 것이 당연할 수 있다. 그러나 다른 세력에게는 이는 자신들에 대한 과도한 사회적 배제로 인식되고 특정 세력에 의한 오만하고 독선적인 국정운영이라는 비판을 받게 되었다.

그러나 민주정권 무능론은 개혁세력이나 보수세력 등 특정 정치세력의 문제가 아니라 민주화 이후의 국정운영의 기본틀 변화에 관한 문제이다. 중상주의 체제의 권위적 국정운영이 더 이상 유효할 수는 없다. 대통령에 의한 1인지배나, 특정 소수에 의한 과두제적 국정운영은 민주화 이후의 국정운영술로는 더 이상 적합하지 않다. 변화한 조건에 맞는 새로운 국정운영술이 필요하게 된 것이다. 드골이 현대 프랑스에 적합한 국정운영술을 창안해냈듯이 우리에게 민주화 이후에 적합한 자유와 질서의 균형, 그리고 민주화 이후의 정치적 안정을 이룩하는 국정운영술이 요구되고 있다. 더 나아가 새로운 국정운영술의 기초가 되는 철학과 정책이 사회적 합의로 도출되어야 할 것이다. 중상주의적 국익, 개인과 자유, 공동체와 공공선에 관한 철학적 기초가 사회적 합의로 마련되어야 할 것이다.

만약 사회적 합의로 민주화 이후 국정운영술이 정립되지 않는다면 이후 등장하는 정부 역시 민주화 이후 국정불안이 반복될 것이다.

2
공화주의적 인식과 역사

▌ 시민혁명기의 고민

우리만의 문제일까? 다른 나라에서는 이런 고민을 어떻게 해결했을까? 역사로 눈을 돌리면 이는 우리만의 특수한 경험이 아니라 17~18세기 시민혁명기에 많은 개혁사상가들의 일반적인 고민이기도 했다. 루이 16세를 단두대로 보냈던 프랑스 혁명가들의 고민은? 국왕을 처형하고 집권한 크롬웰의 국정운영술에 대한 고민은? 이 국가들은 그 이전에는 한 번도 경험하지 못한 초유의 정치적 상황에 봉착한다. 절대군주와 봉건적 신권이 만들어놓은 질서를 시민혁명으로 해체하고 난 이후 국정운영의 새로운 틀이 필요하게 된다. 신권과 군주에 의해 만들어진 안정적인 질서가 혁명을 통해 날아가 버린 것이다. 그러나 해체 이후 새로운 정치적 건설과 안정은 새로운 상상과 창조를 필요로 하게 된다.

그들은 새로운 것을 창안하기 이전에 과거의 역사와 주변국에 눈을 돌려 그들 사회에 적합하게 변용하려고 했다. 이들에게 눈에 확연히 들어온 것은 두 개의 공화국이었다. 그들이 고민한 것은 국왕이 없는 가운데 국정운영을 어떻게 해야 하는가의 문제였다. 우선 그들에게 베네치아(Venetia) 천 년 공화국은 하나의 경이였다. 첫 번째는 세월의 무게였다. 비슷하게 출발한 다른 도시국가들이 왕정으로 회귀하거나 주변 강대국의 속국으로 전락했는데도 천 년 동안 공화정의 정체를 유지한 비결이 무엇일까 하는 지적 호기심이 발동했다. 두 번째 정치적 안정성이었다. 천 년 동안 공화제라는 특정 개인이 아닌 다수의 합의에 의한 정치를 해오면서도 이례적으로 반란이 거의 없었다는 안정성이었다. 시민혁명가들에게 베네치아는 절대군주를 몰아내고 공화정 정체를 만들려고 하던 유럽인들에게 하나의 교과서가 되었다. 당연하게도 베네치아의 모델이 되었고 유럽인들의 영원한 마음의 고향인 로마를 주목하게 된다. 중세를 뛰어넘어 그 정체를 연구함으로써 로마의 영광을 그들의 공화국에서 재현해보고자 하는 욕구를 가지게 된다.

▌ 마키아벨리적 순간들

이런 시민혁명기에 로마와 베네치아에 주목한 가장 선구적 연구자는 영국의 해링턴(James Harrington, 1611~1677)이었다. 절대군주제에 대한 공화주의적 대안을 제시한 해링턴의 저작들은 다음 세기인 18

세기 내내 영국 저항정신의 중심인 지방파(Country)의 지적 스승이 되었다. 이러한 공화주의적 흐름은 대서양을 건너가 미국 건국의 아버지들의 지적 뿌리가 되고 미국 연방헌법의 정신적 근간이 되었다. 18세기 당시 미국 지성사에서 가장 쉽게 발견할 수 있는 공공선(public good)은 로마의 '공적인 것(res publica)'의 다른 표현이었다.

현대 공화주의 연구의 주요학자 포콕(Pocock)은 새로운 질서가 필요하고 국정운영의 안정성(stability)이 요구되는 시점에서 공화주의적 대안이 모색되는 역사적 순간들을 마키아벨리적 순간들(Machiavellian moment)이라 칭했다. 우리의 관심이 바로 역사적 순간에 나타났던 공화주의적 모색에 맞추어질 것이다. 공화주의에 관한 역사적 경험이 한국의 민주화 이후 국정운영술에 많은 정치적·정책적 함의를 줄 것이기 때문이다.

마키아벨리적 순간들은 해링턴 이전과 이후로 나누어볼 수 있다. 해링턴 이전의 고전적 공화주의는 그리스·로마에서 나타났던 공화주의와 마키아벨리가 활동하고 베네치아가 건재했던 16세기 이탈리아가 대표적인 사례이다. 로마에서는 케사르에 의한 1인 지배 이전 시기로서 공화주의자들의 영원한 이상이 되어버린 공화정으로 폴리비우스가 혼합정체(mikte)의 원형으로 본 시기가 전형적인 마키아벨리적 순간이다.

우리가 가장 주목할 만한 고전적 공화주의의 전형은 베네치아 공화국이다. 베네치아는 로마와 달리 '노예 없는 공화국'이 어떻게 가능한지를 가장 잘 보여주고 있다. 그리고 평민들이 독립된 개인으로 살 수 있도록 국가정책이 어떻게 뒷받침되어야 하는지를 보여주고 있다. 마키아벨리 군주론의 무대와 찬란한 르네상스의 꽃인 피렌체보다 베네치아가 더 강조되는 이유는 시오노 나나미가 평가했듯 르네상스의 정수가 바로 베네치아이기 때문이다.

고전적인 이탈리아 공화주의가 영국과 미국의 대서양 공화주의로 17~18세기에 진화하게 된다. 시민혁명기에 공화주의적 사상이 영국과 미국의 저항정신으로 피어났다. 그리고 미국 연방헌법에서 공화주의가 만개한 것은 공화주의가 어느 특정 사회에 고유한 것이 아니라 민주화 이후 국정운영에 대해 고민하는 다른 사회에도 적용될 수 있음을 보여주는 모범사례이다.

현대 공화주의는 산업화 이후 자유주의에 그 자리를 내어준 공화주의를 복원하면서 다시 한 번 주목을 받는 사상이 되었다. 자유주의에 대한 대항담론으로서 1960년대 이후 미국에서 공화주의 사상이 부활했다.

마키아벨리적 순간들은 어느 특정 시기, 어느 특정 지역에서만 일어나는 구체성의 문제만은 아니다. 민주화 이후 국정운영의 방법에 관한 보편적 인식을 바탕에 깔고 있다. 기원전 3세기의 로마에서, 중세 천 년 동안의 베네치아에서, 17~18세기 대서양 양안에서 그리고 현대 미국에서 민주적 국정운영으로서 공화주의가 가능하다면 민주화 이후 한국의 국정운영의 방법으로서도 역시 가능할 것이다. 로마의 폴리비우스에게, 16세기 피렌체의 마키아벨리에게, 17세기 영국

의 해링턴에게, 그리고 18세기 영국의 신해링턴주의자들과 미국의
건국 아버지가 보여준 정치적 상상과 창조는 1987년 이후 새로운 상
상과 창조가 필요한 한국의 공화주의자들에게 역시 공공선에 대한
철학과 정책적 함의를 던져줄 것이다.

▌ 오세아나 공화국

만약 시민혁명이 없었더라면 공화주의는 정치사상으로 살아남았
을까? 역사적 가정은 우문이라지만 정치사상에 관해 공화주의처럼
이 어리석은 질문을 던져보고 싶은 것도 없다. 다른 어떤 정치사상보
다도 공화주의의 정치사상은 그 역사가 오래되었다. 중등교육 사회
교과서의 처음은 아리스토텔레스의 이름과 '인간은 사회적 동물'이
라는 명제로 시작되는 것이 상례이다. 그만큼 공화의 기원과 뿌리는
공고하다. 서양 고전 처음을 장식하는 것 역시 성경 다음으로는 플라
톤과 아리스토텔레스이다. 서양 역사에서 등장하는 폴리비우스, 리
비우스, 키케로에 이어 근대 정치학의 아버지라는 마키아벨리에 이르
기까지 서구 지성사는 고전적 공화주의자들의 징검다리처럼 보인다.
그러나 시민혁명가들의 고뇌와 탐색이 없었더라면 이런 서양 고전
들은 지성사에서 현재의 위치에서 밀려나 주변부 인물로 기억되거나
영원히 잊혀간 존재들이 되었을 수도 있다. 그만큼 시민혁명가들이
탐색한 공화주의는 서구 근대 역사에서 첫 번째 비중을 차지하는 중
요한 위치에 있는 것이다.

이 고전적 공화주의를 복원한 선구적 인물이 해링턴이다. 해링턴은 영국의 청교도 혁명과 궤를 같이한다. 시민혁명이 없었더라면 공화주의의 부활도 없었을지도 모른다는 추정만큼이나 청교도 혁명이 없었더라면 해링턴의 지적 탐구도 없었을 것이다. 해링턴은 17세기 영국에서 청교도 혁명으로 공화정이 수립되고 다시 왕정으로 복귀되는 정치적 격변기에 살았던 인물이다. 이 역사적 과정 속에서 그는 영국이 공화국이 되기를 희망했고 그의 공화주의 사상을 담은 『오세아나 공화국(The commonwealth of Oceana)』을 집필했다.

청교도 혁명은 영국 역사에서 아주 이례적인 사건이었다. 왕이 반역죄로 재판에 회부되었던 것이다. 군주정의 전통을 이어오던 영국에서 현직 국왕을 상대로 의회는 국왕 찰스(Charles)를 심리하기 위한 특별법정을 설치했다. 원래 군주정에서 반역죄는 오직 국왕만이 심리할 수 있는 것이었는데, 거꾸로 왕이 반역죄로 재판에 회부되었다. 이듬해 1649년 1월 30일 찰스는 '이 나라의 선량한 백성에 대한 압제자요, 배반자요, 살인자이자 공적'이라는 유죄판결을 받고 그의 궁정 화이트홀(Whitehall) 앞에서 군중의 무거운 신음 소리 속에 단두대의 이슬로 사라졌다. 국왕 처형의 주도자들은 이제 돌아오지 못할 다리를 건넜다. 찰스를 처형한 잔여의회(Rump Parliament)는 아예 군주정을 폐지하고 공화정을 수립했으며, 귀족원과 국교회도 마저 폐지했다. 그리고는 국정을 이끌어갈 기구로 40명가량으로 구성된 국무회의(Council of State)를 설치했다. 이 공화국(Commonwealth)은 형식상으로는 의회가 최고 권력기구였지만 실권은 의회도 국무회의도 아닌 군대에, 그것도 사실상 크롬웰의 수중에 있었다.

이러한 변화를 지켜봤던 해링턴은 새로운 국정운영의 철학과 방법으로 공화주의를 탐색하게 된다. 해링턴의 문제의식은 군사적 의무를 지닌 종속적인 봉건적 토지보유자들이 역사의 무대에서 사라진 뒤 어떻게 안정성을 지닌 정치체제가 가능한가 하는 것이었다. 17세기까지의 영국은 왕, 귀족, 상원에 의해 유지되는 일종의 혼합군주제인데, 장미 전쟁 이후 제후들을 제압하고 왕권을 강화한 헨리 7세에 의해 귀족 계급의 세력이 약화되었고 헨리 8세에 의한 수도원의 해체는 성직 귀족마저 약화시켰다. 대체로 전 토지의 90% 정도가 인민의 손에 있었고 그 결과 왕, 귀족, 평민의 힘의 균형이 유지되었다. 경제적으로 성장한 시민들은 무력을 지닐 수 있게 되었다. 왕과 귀족, 상원 체제로부터 힘의 균형이 평민들이 성장하면서 이제 계층 간 힘의 변화가 생겨났다. 이러한 힘의 변화에 의해 구체제는 붕괴 시기를 맞는다. 이러한 변화를 읽으면서 새로운 변화에 적응하기 위한 방법으로 해링턴은 과거의 역사에서 그 치유책을 찾게 된다. 물론 그 역사는 전제 왕국이 아니라 과거의 번영을 상징하는 로마와 현존하는 천 년 공화국 베네치아를 모델로 한다. 그리하여 1642년 찰스 1세 이래 내려온 세습 절대군주정이 아니라 왕, 귀족, 평민이 공존할 수 있는 정치체제를 모색하게 된다. 이는 아리스토텔레스와 폴리비우스 이래의 혼합정체론을 원용하는 배경이 된다. 즉 1인, 소수, 다수에 권력이 귀속되고 군주정, 귀족정, 민주정의 혼합정체를 영국의 새로운 국정운영 모델로 삼게 되는 것이다.

해링턴에 의하면 영국이 안정적이고 지속 가능성을 갖기 위해서는 군주의 1인지배, 혹은 귀족의 소수지배나 평민들에 의한 중우정치 어느 것이어서도 안 된다는 것이다. 해링턴은 영국이 청교도 혁명기와 같은 정치적 혼란을 겪게 된 이유를 고민하고 인간의 탐욕과 부패에도 흔들리지 않는 안정적 공화국을 꿈꾸었다. 혼합정체는 군주정, 귀족정, 민주정의 세 가지 정부 요소의 혼합으로 이루어진 정체로 세 요소가 견제와 균형을 이루는 체제이다. 해링턴에 의하면 귀족정 성격을 가진 상원이 법안을 제안하고, 토론하며 민주적 성격의 하원이 상원이 제안한 법률을 결정하고 군주정 성격의 행정부가 법률을 집행하는 견제와 균형의 원리를 강조한다. 이에 덧붙여 상원은 고급관리를 선출할 권한을 갖고 하원은 하위 공직자 선출, 과세 및 선전 포고에 대한 동의권과 재판권을 보유하며 행정부는 행정, 전쟁, 종교, 무역 등에 관한 권한을 갖는다. 어느 한 요소가 부패하더라도 다른 두 요소에 의해 견제할 수 있다는 것이 해링턴의 생각이었다.

그가 영국의 새로운 모델로 이상향으로 삼았던 '오세아나 공화국'은 그의 사상을 집약한 것이다. 오세아나 공화국은 영국 문학에서 토머스 모어(Thomas More)의 『유토피아(Utopia)』와 베이컨(Francis Bacon)의 『새로운 아틀란티스(The New Atlantis)』와 함께 이상향에 관한 3부작으로 꼽힌다. 그러나 다른 두 책이 현실에서 가능하지 않은 상상의 세계를 그린다는 작가의 의도에서 출발했다면 해링턴은 영국의 국정을 변화시킬 실질적 모델로 제시했던 것이다. 그의 영향은 17세기 내내 영국 저항정신의 근간이 되었다.

반면 그의 국정운영의 모델을 이해하기 위해서는 로마와 베네치아 공화정으로 거슬러 올라가야 한다.

▌ 폴리비우스의 혼합정체론

일반적으로 정치사상에는 이상향으로 명시적이든 암묵적이든 영광의 시대를 가정하는 경우가 흔하다. 유교사상이 요순(堯舜) 시대를 이상으로 삼듯이 민주주의는 그리스 페리클레스(Pericles) 시대를 그 원형으로 보려는 경향이 있다. 반면 공화주의의 전형은 폴리비우스의 공화정에서 찾으며 그가 공화정의 절정기로 본 시기는 과두정이 끝나는 기원전 449년경에서 기원전 3세기 말 로마가 한니발과 싸우는 시기로 보았다. 후세 사가들은 이 시기를 더 확대하여 삼두정치를 시작해 제정으로 넘어가기 이전 시기까지로 간주한다. 공화주의자들은 아리스토텔레스의 『정치학』에 혼합정체론이 나타나기는 하지만 이론적 논의를 넘어 현실적인 영광의 시기를 이때로 보고 있다.

폴리비우스는 기원전 151년에 출간한 『역사(Historiae)』제6권에서 로마의 정치현실 속에서 공화정의 실체를 예리한 통찰력으로 분석했다. 폴리비우스는 제3차 마케도니아 전쟁이 끝난 후 볼모로 잡혀온 노예였지만 그리스 명문가 출신으로 학자이자 역사가였다. 로마 시대의 노예는 직책에 따라 상당한 지식인 역할을 했다. 그는 스키피오 장군 집에 머물면서 가정교사 일을 했다. 스토아학파의 철학자와 그리스 문화 애호가 모임에서 활동했다. 이 모임의 주요 주제 중 하나는 키케로가 지적한 대로 '공화국'이었다. 폴리비우스의 혼합정체론은 이러한 토론과 숙고의 산물이었다. 그의 관심은 로마가 어떻게 최단시간 내에 세계를 정복하고 로마의 단일지배 체제로 만들었느냐 하는 것이었다. 그는 로마가 부국강병을 이루면서 지중해를 제패할 수 있었던 것은 바로 로마가 취한 정체 덕분이라고 보았다.

로마가 선택한 정체는 무엇인가? 그의 명쾌한 해답은 '혼합정체(mikte)'였다. 아리스토텔레스의 정치학에 나오는 정치철학의 체제로 로마의 국가형태를 분석한 결과, 아리스토텔레스가 단순정체로서 가장 이상적이라고 한 왕정, 귀족정, 민주정의 세 정부형태가 혼합되어 있는 것이 로마 공화국이라는 것이다. 콘술(consul)에 의한 군주정의 요소와 원로원에 의한 귀족정의 요소와 민회에 의한 민주정의 요소가 어떻게 균형을 이루고 있는가를 그의 저작에서 설명하고 있다. 콘술은 어떻게 원로원과 민회에 협력하며 제동을 거는지, 원로원은 콘술과 민회에 대해, 민회는 콘술과 원로원에 대해 어떻게 도움을 주고 저지하는지 말하고 있다. 로마 공화정이 최상의 정부형태로 부국강병의 원천이 되었고 혼합정체로서 상호 견제가 정치적 안정을 가져왔다는 것이다.

물론 이런 혼합정체의 근간에는 스토아철학의 영향으로 로마 시민이 체득하고 있었던 시민윤리와 덕성이 깔려 있음은 두말할 필요가 없다.

▌노예 없는 공화국, 베네치아

　영국의 선구적 공화주의자 해링턴은 르네상스의 꽃이라는 피렌체보다 오히려 베네치아의 공화주의에 더 주목한다. 단테, 다 빈치, 미켈란젤로를 낳은 르네상스 문명의 꽃은 피렌체이다. 르네상스 문명의 후견인 역시 피렌체에 적을 둔 메디치 가문이었다. 그리고 근대적 공화주의의 대표적인 이론가인 마키아벨리와 귀차르디니 역시 피렌체 출신들이었다.

　그럼에도 많은 사가들은 적어도 정치제도와 국정운영술에서 르네상스 정치의 정수는 베네치아로 본다. 천혜의 자원이라고는 아무것도 없었던 나라에서 공화적 정체를 한 번도 바꾼 일 없이 천 년 동안 버틴 나라는 지구상에 따로 없다. 시민혁명을 전후로 베네치아는 영국과 대륙국가의 신흥 엘리트 세력을 위한 지적 상상력과 교훈의 원천이 되었다. 사실 해양형 도시국가 베네치아의 정치와 경제는 근대 유럽 문명의 '원형'이었다.

　자원이 없는 손바닥만 한 도시국가 베네치아가 바다로 활로를 찾아 무역입국으로, 지중해의 대국으로 성장하여 열강의 갈등 속에서도 번영을 누리면서 수백 년을 버틴 것은 당시 유럽인들에게 하나의 경이였다. 18세기 말 19세기 초 무렵의 베네치아는 유럽의 문호와 예술가들이 모인 문화의 중심지였다. 셰익스피어나 괴테, 바이런, 스탕달은 작품이나 기행문을 통해 이 도시국가를 예찬했다. 런던의 국립 미술관에 영국의 근대 미술을 장식하고 있는 것도 역시 1700년대의 베네치아 화가들이 도시 그 자체를 그린 그림들이다. 카날레토, 롱기, 과르디의 세 화가가 주제로 삼았던 것은 베네치아 도시 그 자체였고 이는 영국인들이 가졌던 베네치아에 대한 경이와 예찬의 징표였다.

베네치아 공화국은 정쟁이 끊이지 않았던 피렌체나 제노바 두 공화국과 달리 정치적 안정을 유지하고 평온을 누렸다. 천 년의 생존기간 동안 이 공화국에는 반정부 음모가 단 두 차례 있었을 뿐이다. 공화정체의 가장 큰 두 가지 위협은 외적으로는 침략이고, 내적으로는 독재자의 출현이다. 이 두 번의 음모 역시 일반적으로 공화국의 위협이 되었던 귀족의 정치적 야심에서 비롯되었다. 이 두 음모가 모두 14세기 전반에 집중된 셈이지만 그 후 500년간 베네치아는 주변국의 정쟁과 분열에 아랑곳하지 않고 정치적 평화를 구가했다. 이들의 내적 통일은 통상을 비롯한 대외활동에 집중할 수 있는 기반이 되었음은 두 말할 필요도 없다.

베네치아가 천 년 동안 공화제의 정체를 유지할 수 있었던 비결은 폴리비우스 이래의 혼합정체를 어느 국가보다도 잘 운영했기 때문이다. 10인 위원회를 비롯하여 감시의 눈이 엄했던 것도 있지만 베네치아의 정체 자체가 한 개인이나 유력한 한 가족에게 권력이 집중되는 것을 극도로 막도록 되어 있었을 뿐 아니라 한 기관만이 강대한 권력을 휘두르는 일이 없도록 배려되어 있었기 때문이다. 베네치아의 혼합정체도 1인(one), 소수(few), 다수(many)라는 세 가지 세력의 견제와 균형이라는 큰 틀에서 벗어나지 않는다. 베네치아 국정운영의 기본 틀은 종신직인 한 명의 원수(Doge), 소수의 국회(Consiglio de' Pregati), 민회의 기능을 하는 다수의 시민대집회(Consiglio Grande), 그리고 이러한 정치적 기구들을 뒷받침하는 직업관료로 구성된 행정관료제(Collegio)로 구성되었다. 이 중 원수는 종신직이었고, 국회의원은 귀족정 형태를 보이는 세습직이었다. 일반적인 공화정의 특성은 특정 개인이나 가문 혹은 집단에게 권력이 집중되지 않도록 임기를 단기간으로, 그리고 보직관리는 순환적으로 하는 경향이 있다. 그런데도 베네치아에서 원수는 종신직이었다. 이는 주변 군주국의 위협이나 위기관리에 대응하는 일관성과 전문적인 통찰이 필요했기 때문이다. 공화국의 전통과 현실적 필요성이 절충한 결과가 원수의 종신직이었다. 시민대집회는 원수의 선출과 중요한 법률을 결정하는 최고 의사결정기구였다. 베네치아의 인구는 10만~20만 정도를 유지하는 도시국가였고, 중요한 결정은 마르코 성당의 광장에서 개최되는 시민대집회에서 결정되었다.

어느 한 세력의 전횡을 막고 세력 간 균형과 조화를 강조하는 공화주의적 전통에 충실하고자 했지만 베네치아 공화정은 14세기를 전후해서부터 귀족적 공화주의로 진화해간다. 이는 국가의 중요한 의사결정과 인사가 귀족들이 중심이 된 국회에서 국정이 이루어짐을 의미한다. 원래 아리스토텔레스 이후 그리스·로마 전통에서는 오늘날 우리가 생각하는 것과 달리 민주정을 그다지 바람직한 정치체제로 보고 있지는 않다. 민주정은 즉흥적이고 가변적으로 중우정치로 변하거나 혹은 군중심리에 쉽게 휩싸여 이성적인 판단을 그르치는 일이 자주 일어난다고 보았다. 그렇기 때문에 민주정은 언제나 위험을 내포하고 있는 것으로 보았다.

이보다 더 현실적인 이유는 민주정의 형태가 사실은 민주적으로 작동하지 않을 가능성이 더 많기 때문이다. 탁월한 개인이나 유력한 몇몇 가문이 연합하여 미리 특정한 계획이나 의도를 가지고 여론몰이를 하거나 선동을 할 경우 민주적으로 의사가 결정되기보다는 이들 특정 세력을 위해 의사결정이 이루어지기 쉽다는 것이다. 시민집회에 의한 민주정이 일회적으로 무정형의 형태이기 때문에 제도화되지 않은 권력은 민주적이기보다는 오히려 반이성적인 대중심리에 의해 비합리적으로 국가정책이 결정될 수 있다는 것이다.

1300년대와 1400년대의 이탈리아에는 중부와 북부에 작은 공화적인 공동체(commune)와 참주정 형태의 소국들이 아직 많이 존재했다. 그러나 1400년대가 되면 모두 사라지고 불과 100년 사이에 군주국이나 공화국으로 통합되어간다. 이는 이탈리아 주변에서 군주국이 발달하는 것에 영향을 받았기 때문이기도 했다. 그러나 내부적으로는 공화정을 지속 가능하게 하는 정치체제로 더 이상 진화하지 못했기 때문이다.

베네치아는 14세기에 민주정의 이러한 취약성을 인정하고 보다 안정적이고 전문적인 정치집단을 만들어 예측 가능하고 지속 가능한 정치전문 그룹을 만들려고 했다. 피에트로 그라데니고는 1297년 공화국 국회 개혁안을 제출했다. 당시 국회의원 경험이 있던 사람들을 중심으로 종신 임기의 의원제도를 도입했다. 그 뒤에도 한두 차례 비슷한 입법으로 종신직 의원 수를 확대했다. 이는 세습제로 이어져 귀족 자제는 적자라면 25세를 맞은 해에 형사문제를 일으키지 않는 한 공화국 국회의원으로 등록되게 되었다. 이 제도가 정착하면서 의원 수는 성년 남자 총수의 약 3%를 차지했다. 1311년에는 1,071명, 1510년에는 1,671명 정도의 규모였다.

이를 두고 후세의 정치가들과 사가들은 '국회의 폐쇄'라고 비난하기도 한다. 특히 프랑스 혁명기의 민주파들은 선출직이 아닌 세습제에 대한 운영을 역사의 후퇴로 보고 이를 비판한다. 그러나 베네치아 공화정을 다른 국가의 군주정이나 귀족정과 구별하여 긍정적인 평가를 하는 반론도 있다. 우선 베네치아 귀족은 귀족적인 특권을 향수하지 않았다. 마키아벨리도 말했듯이 베네치아의 귀족이 가졌던 특권은 오직 한 가지, 국정에 참가할 수 있다는 것뿐이었다. "특권계급이 존재하는 사회에서는 공화국이 성립되지 않는다고 지금까지 말해온 나의 지론에 대해 베네치아는 예외일 수도 있다. 왜냐하면 베네치아 공화국의 귀족이라고 불리는 계급은 그것이 가지고 있는 특권이 이름뿐인 것이었기 때문이다. 그들은 부동산 수입에 의존하고 있지 않다. 그들의 막대한 자산은 통상으로 벌어들인 것이다. 또한 그들 중 어느 누구도 성곽을 마련하고 거기서 거주하지 않으며 다른 사람에게 재판권을 행사할 수도 없었다. 베네치아 귀족은 다른 나라 귀족이 누리는 특권을 조금도 누리지 않는 귀족이었다." 이러한 마키아벨리의 옹호 이외에 현대적인 변명은 정치집단의 충원과 관련된 것이다.

당시 정치제도에서 전문적인 정치인을 양성할 대학이나 정치적 아카데미를 따로 가지고 있지 않았다. 또한 민주적 정부를 운영할 또 다른 충원구조를 가지고 있지도 못했다. 이런 상황에서 정치도 가족의 경험과 교육에 의해 이루어질 수밖에 없었고 세습제 운영은 불가피한 상황이었다는 것이다.

그러나 여전히 선출직인 정치집단은 지속적이지 않기 때문에 전문성에는 한계가 있을 수밖에 없었고, 이를 뒷받침하는 제도로서 베네치아는 행정관료제가 어느 나라보다 발달해 있었다. '장관'이나 '대신'은 1년이나 6개월마다 바뀌었다. 그리고 1년이나 6개월의 휴직기간을 끝내지 않으면 같은 직책으로 돌아갈 수 없었다. 더구나 같은 직책만 맡지 않고 각 직책을 순환하는 것을 공화적 이상으로 삼았기 때문에 행정업무가 연속성을 가질 수 있을지 의문이 든다. 이러한 우려와 약점을 보완하는 제도가 행정관료제의 도입이었다. 내각에서 장관이나 대신이 자주 바뀌더라도 행정차관 이하의 관료가 이를 잘 뒷받침하면 행정에는 큰 지장이 없다는 것이 베네치아 정치의 기본적인 설계였다.

베네치아인들은 정치 전문가는 전문화되어서는 안 된다는 생각을 하고 있었다. 여기서 베네치아의 관료계급이 다른 나라에서는 볼 수 없을 정도로 완성된 이유를 발견할 수 있다. 베네치아의 정체를 밑에서 떠받치고 그 정체를 계속함으로써 생기는 실제적 폐해를 되도록 적게 하고 능률적으로 운영하기 위해 필수적인 요소인 관료계급의 완성이 이루어졌던 것이다. 이는 중세의 다른 나라에서 그 예를 찾을 수 없는 독특한 점이었다.

▌정치적 이상으로서 공공선

그럼 이즈음에서 자문해보아야 한다. 공화주의는 정치적 계급 간의 제도적 견제와 균형을 의미하는 것인가? 공화주의가 가지는 정치사적 의미의 첫째는 아리스토텔레스 이래의 혼합정체의 실현에 있는가? 이들에게는 제도적 수준 이상으로 실현하려고 했던 정치적 이상은 없었는가?

물론 아니다. 이들이 추구했던 정치적 이상은 공공선(public good)의 실현이었다. 로마와 베네치아가 이상으로 삼았던 정치제도로서 혼합정체가 가장 선호되었던 이유는 이 정체가 신분사회에서 공공선이라는 정치적 이상에 가장 적합했기 때문이다. 어느 한 개인이나 가문, 귀족이라는 신분 혹은 다수의 대중이 아니라 이들 모두가 공유할 수 있는 사회적 공공선을 실현하는 정치체제로서 혼합정체를 주장했던 것이다.

국왕이나 원수 1인이 아닌, 귀족의 소수도 아닌, 평민의 다수도 아닌, 이들 모두의 개별적 이해관계를 뛰어넘는, 그리고 각각의 개인과 신분 그리고 계급 이익을 고려하면서도 공동체 전체의 이익으로서 공공선을 실현하고자 했던 것이다.

공공선은 로마 이래로 '공적인 것(res publica)'에서 유래하고 있다. 이는 '사적인 것(res privata)'과 별개의 추상적이고 사회적 개념이다.

동양과 서양 정치사상의 가장 결정적인 차이는 바로 공공선에 관한 관념에서부터 출발한다. 개별적 이익을 넘어서 공동체 전체의 이익을 공동체의 사회적 합의를 통해 도출해낸다는 것이 서양의 오늘날 민주정치의 모태가 되었다. 특히 권력자의 사유물로 전락할 수 있는 국가나 공동체 전체 이익을 공공선이라는 좀 더 높은 차원의 개념으로 견제하려 했다. 이를 실현하기 위한 정치적 행위들이 '자의적 권력의 간섭으로부터 배제'라는 고전적 의미의 '자유'이다. 그래서 '자유는 간섭의 배제'라는 공화주의적 자유관이 등장하게 된다.

관념이 현실에서 쉽게 이해되고 대중적으로 힘을 발휘하기 위해서는 구체적 현실로 물화(物化)되어야 한다. 가장 쉽게 이해될 수 있는 것은 고대 로마의 공공 건물들과 동양의 중세 도시의 구조 차이이다. 로마에서는 공공(public)을 위한 다양한 건축이 생겨났다. 공중목욕탕, 공중 화장실, 도로, 개선문, 광장, 경기장 등 공화국의 재산으로 간주되는 공공시설이 나타났다. 서구 최초의 건축 양식인 바실리카 양식은 원래 공중목욕탕에서 출발한 것이라고 한다. 그 사회를 대표하는 건축양식이 국왕이나 통령, 귀족의 사유물이나 궁궐이 아닌 대중의 건축에서 나왔다는 것에서도 공공에 대한 이들의 신념의 일면을 엿볼 수 있다. 이에 비해 동양에서 공공건물을 목격하기는 쉽지 않다. 왕궁과 이를 둘러싼 외성이 있고 그 가운데 왕궁에서 외성의 남문까지 이어지는 주작대로가 있는 것이 계획도시 장안을 비롯한 동양 도시들의 일반적인 형태였다. 이 도시들에는 왕궁과 왕립 부속 건물들은 있어도 공공시설이라고 할 수 있는 것은 극히 예외적이었다. 이를 달리 표현하면 동양에는 '공적인 것(res publica)' 혹은 공공선이라는 관념이 존재하지 않았기 때문에 이에 따른 건축물이나 공공시설도 나타나지 않았던 것이다.

공공선이나 공공시설은 공화주의적인 정체를 가정할 때만 나타날 수 있는 것이었다. 그리스의 펠레폰네소스에서 동양과 서양이 최초로 본격적으로 충돌한 이후 동서양의 정치사를 가르는 가장 근본적인 차이는 공공선의 인정에서부터 출발한다. 그리고 이러한 공공선과 개인의 자유의 통일이라는 것이 그리스 이래 공화주의의 가장 핵심적인 철학 논쟁으로 자리 잡는다. 공화주의의 전통, 달리 표현한다면 공화주의의 면면들은 서구사에서 때로는 강력하게 때로는 간헐적으로 이어져 오늘의 민주공화사회로 전 세계로 확산되었다. 로마에서 피렌체와 베네치아의 이탈리아 도시국가들로, 다시 프랑스 공화파들에게, 그리고 17~18세기 영국과 미국의 대서양 양안까지 공화주의는 점점이 이어지고 있다. 걸출한 인물들에 의해서도 공화주의 사상은 그 사회의 문제를 해결하기 위해 해석되고 변용되었다. 플라톤과 아리스토텔레스, 로마의 키케로, 폴리비우스, 리비우스, 피렌체의 마키아벨리, 귀차르디니, 베네치아의 지아노티와 콘타리니로 이어진다.

이러한 공화주의가 근대 시민혁명의 근간으로 되살아나면서 다시 한 번 역사의 전면에 등장한다. 프랑스의 루소와 몽테스키외, 영국의 해링턴과 카토의 편지 저자들, 그리고 미국 건국 아버지들의 논쟁에서 중세를 건너뛰어 근대의 영혼으로 부활한다.

▌ 공화주의의 정치적 안정성

민주화 이후의 안정적인 국정운영에 관해 관심이 증가하고 있는 한국 상황을 고려할 때 공화주의 역사에서 어떤 인물이 가장 주목을 끄는가? 아마도 고전적 공화주의와 근대적 공화주의의 가교 역할을 한 영국의 해링턴일 것이다. 그의 문제의식은 오늘날 한국의 정치적 문제와 맥을 같이하고 있다. 한국의 가장 중요한 정치적 쟁점이 민주화 이후 권위주의 방식이 아닌 안정적인 국정운영의 방법에 관한 것이다. 5년 단임제 정부들이 과반수 이하 유권자의 지지로 당선되어 국민통합을 이루면서 계층 간 이해 갈등을 조정하고 이를 바탕으로 세계 시장의 경쟁에서 우위를 찾을 수 있는 방법을 찾는 고민을 하고 있다. 그 방법은 민주화 이전의 중상주의적인 방식과는 달라야 한다. 중상주의는 1인지배 혹은 소수 과두제의 지배로 국정을 운영하는 방식이다. 이는 다수의 시민들이 국정에서 배제되어 있음을 의미한다. 민주화 이후에는 시민들 역시 정치적 참여의 공간이 확대되고 이들을 배제한 특정 집단이나 세력만으로 국정운영을 할 경우 정치적 저항에 직면한다. 1987년 민주화 이후 20년 동안 한국의 국정운영은 전 국민적인 지지를 바탕으로 하기보다는 세칭 '코드정치'로 대변되는 특정 세력을 우선으로 하는 정치적 관행이 누적되어왔다. 이런 특정 세력을 중심으로 한 정치는 다른 세력의 저항으로 정치적 불안정이 가중되었다. 그동안 단임제 정부들은 정치적 불안의 하중을 견디지 못하고 정권 말기는 급락한 대통령 지지율로 마감하는 일이 반복되어왔다. 우리의 경우 민주화 이후의 성공하는 안정적 국정운영의 방법이 모색되고 있다.

이러한 우리의 상황에서 가장 주목할 공화주의 역시 구질서의 붕괴 이후 새로운 안정적인 국정운영의 방법을 모색한 선례일 것이다. 이러한 문제의식에 가장 맞닿아 있는 이론가가 바로 해링턴이었다. 해링턴의 주 관심사는 봉건적 토지소유자들이 역사의 무대에서 사라진 뒤 어떻게 안정된 정치체제가 가능한가 하는 문제였다. 해링턴의 『오세아나 공화국』은 이러한 문제에 대한 해답으로서 "봉건주의에 대한 마키아벨리적 고찰"이라는 것이다. 1649년 청교도 혁명의 와중에 국왕을 처형한 이후, 영국은 명칭은 그렇지 않았지만 사실상 공화국이 되어 있었다. 당면한 문제는 봉건적 질서를 와해시킨 이후 영국을 이끌어갈 새로운 안정적 국정운영의 방법이 모색될 수밖에 없는 상황이었다.

이를 달리 표현하면 왜 영국에서 더 이상 군주제가 가능하지 않게 되었는가 하는 문제이다. 해링턴은 정치적 문제를 법적으로 해석하는 영국의 '사법적 전통'에서 벗어나 공동체 참여를 통해 덕을 실현하느냐 아니냐에 관한 정치적 관점에서 출발하는 공화주의적이고 휴머니스트적인 방법을 추구했다. 해링턴은 고대 이스라엘 공화국, 그리스 도시국가와 로마 공화국, 그 당시 현존하고 있었던 베네치아 공화국의 흥망성쇠의 역사를 고찰한 후 이런 국가들의 장점을 찾아내어 불멸의 공화국을 그려내게 된다. 그러나 1656년의 영국 현실은 그에게 직설적으로 표현된 공화국을 허용하지 않았으므로 해링턴은 가상의 공화국을 내세워 그 정치적 신념을 피력했다. 그것이 바로 『오세아나 공화국』이다.

정치적 안정을 이루는 불멸의 공화국의 첫째 조건은 평등한 국정운영이다. 그것은 법 앞의 평등이다. 베네치아의 귀족적 공화정에서도 평등의 원칙은 지켜졌다. 귀족과 평민의 차이는 국정운영에 참여하느냐의 정치적인 것 이상을 넘어서지는 않았다. 신분의 차이가 특권의 차이를 의미하지는 않았다. 귀족보다 더 부유한 상인들이 다수 존재했다. 해링턴의 공화주의는 좀 더 적극적 평등을 추구한다. 우선 법 앞의 평등이다. 평등은 공화국의 생명 그 자체의 생성기제이며 군주정 해체의 필수 요소였다. 균형의 원리에 입각한 평등한 공화국을 수립할 수 있는 완전한 제도를 처음부터 갖춘다면 그 공화국은 일단 만들어진 후에는 영원하게 될 것이라고 해링턴은 생각했다. 그리고 그 제도는 공평한 토지분배에 입각한 균형의 달성과 공평한 관직교체를 이룰 수 있는 제도를 의미한다.

오세아나 공화국은 연방정부와 지방정부 그리고 상하원의 양원제로 이원적 체제를 추구했다. 상원은 제안하고 하원은 결의한다는 것이 해링턴 권력분립의 핵심이다. 해링턴은 이를 설명하기 위해 예시했던 '두 소녀와 케이크 하나'는 권력분립의 유명한 일화가 되었다.

두 명의 소녀가 그들 사이에 아직 나누어지지 않은 케이크를 가지고 있다. 한 소녀가 다른 소녀에게 말한다. "네가 나눠라. 그러면 내가 선택하겠다. 아니면 내가 나누고 네가 선택하든지……." 공평하지 않게 나누는 경우 다른 사람이 더 큰 부담을 가진다고 할 때 나누는 사람이 손해를 볼 것이기 때문이다. 그렇기 때문에 그 소녀는 똑같이 나눌 것이고 그럼으로써 둘 다 공평하게 될 것이다.

오세아나 공화국의 상원은 귀족정의 모습을, 하원은 민주정의 모습을, 정무관은 군주정의 모습을 하고 있다. 귀족과 시민들 간의 이해관계를 어느 한 세력의 배제 없이 공동체 안에서 통합하려고 했다. 오세아나 공화국의 또 하나의 원리는 관직교체이다. 공화주의자들은 특정 계급이 관직을 독점하거나 특정인이 오랫동안 한 관직을 차지하게 되면 부패가 필연적으로 동반되어 나타난다고 보았다. 그렇기 때문에 이를 경계하는 공화주의자들은 주기적인 관직교체를 주장한다. 로마나 베네치아에서 관직 선출에서 추첨과 투표가 교차적으로 일어나고 이를 통해 선출직을 뽑는 것이 정치적 충원의 가장 중요한 수단이 되었다. 해링턴에게 커다란 영향을 미친 것은 베네치아의 관직 교체제도였다. 해링턴은 관직교체의 필요성을 혈액순환의 원리로 설명했다. 심장에서 나온 새로운 피가 낡은 피를 걸러내고 인간의 신체에 활력을 주듯이 관직 교체 또한 인간의 부패를 방지할 수 있고 새로운 인력의 충원으로 보다 신선하고 새로운 정체의 운영이 가능하다는 것이다. 오세아나 공화국의 관직교체는 선거인단의 교체와 선출직의 교체이다. 선거인단은 해마다 추첨에 의해 뽑혔는데 1년마다 교체되는 셈이었다. 선출직은 비밀선거에 의해 교체되는데 상원의원의 임기는 3년이고 해마다 1/3씩 교체되었다. 상원이 선출하는 대고관(Prime Magnitude)들 중 행정수반과 대변인, 두 명의 감찰관의 임기는 1년이었다.

해링턴은 이러한 권력분립을 바탕으로 신에 의해 인간본성 안에 심어진 그 무엇에 의해, 즉 자치능력의 적극적인 실천을 통해 실현될 수 있는 덕에 의해, 공동체로서 공화국(res publica)이 나타난다고 보았다. 해링턴은 이런 새로운 질서를 추구하는 동시에 구질서로서 봉건제를 비판했다. 그는 봉건제의 본질을 부패라고 보았다. 봉토를 매개로 봉신들의 주군에게로 종속은 바로 시민적 평등이 상실된 부패 그 자체라는 것이다.

해링턴은 구질서와 신질서의 대립을 봉건제와 공화정이라는 정치제도로 본 것처럼 이를 이념적으로는 '덕과 부패'의 대립구도로 파악했다. 이러한 '덕과 부패'라는 대립구도는 이후 18세기 내내 대서양 양안의 영국과 미국에서 정치적 논쟁의 한가운데에 자리 잡게 된다. 근대적 공화주의는 정치체제로서 혼합정체만이 아니라 봉건적 부패와의 이념적 전쟁이라는 또 다른 차원에서 진행되고 있었다. 이는 달리 표현하면 17~18세기에 영국 사회에서 집권세력에 의한 부패가 만연해 있었고 이를 척결하는 것이 가장 중요한 정치적 과제였음을 뒤집어 말하는 것이다. 정치적 안정 문제는 제도적인 차원과 함께 다른 차원에서 반부패라는 사상운동이 함께 진행되었던 것이다.

▌ '덕과 부패' 담론

해링턴은 17세기 청교도 혁명을 전후한 영국의 정치적 안정 문제에 관심이 있었던 반면 신해링턴주의자로 표현되는 그 후예들은 18세기 명예혁명 이후 영국 사회에 만연했던 부패와의 전쟁을 수행했던 인물들이다. 그리고 정치사에서 '덕과 부패'의 담론 구조를 대중화시킨 인물들이기도 하다. 어느 나라나 민주화 이전에도 부패가 큰 사회적 문제가 되었고 민주화 이후 국정 안정에 가장 중요한 기초 역시 반부패와 투명성이다.

한국의 경험에서도 알 수 있듯이 민주화의 역설 중 하나는 민주화 이후에 오히려 정치적 부패가 증가할 개연성이 높다는 점이다. 민주화는 권력의 교체 가능성을 전제로 한다. 이는 일반적인 국민의 입장에서는 민주화에 따른 당연한 권리이지만 기득권익을 가진 구체제의 집권 정치세력에게는 '권력의 상실'이라는 공포를 안겨준다. 민주적 선거에 의해 국민의 대표가 선출될 때 기존 권력 이외에 새로운 권력이 창출될 수도 있는 것이다. 이런 상황에서 기득권 권력들은 정치적 부패로 금권선거를 통해서라도 권력을 유지하려는 유혹에 빠지게 된다. 투명한 민주적 선거에 의해서 재집권할 능력을 상실했을 때 기득권력이 사용하는 편의적인 방법으로 각종 불법 정치자금을 만들어 선거에서 돈으로 매표를 하는 방식을 취하는 경향이 생겨난다.

권위주의하에서 권력 재창출은 형식적 선거를 통해 손쉽게 이루어지지만 민주정부하에서는 실질적 선거로 권력 교체가 가능해지기 때문에 선거는 민주화 이후에 오히려 격화되는 경향이 있다. 우리나라의 경우에도 1987년 이후 대통령 선거에서 금권선거의 흔적을 곳곳에서 발견할 수 있다. 제3공화국의 권위주의 정부에서 있었던 형식적 대통령 선거의 선거비용에 비하면 민주화에 따라 정치비용이 기하급수적으로 천문학적 액수로 증가한다. 오히려 민주화 이전 정부에서 정치비용이 더 낮았고 그 선거와 관련된 정치비용은 더 적었다고 볼 수 있다.

이러한 선거비용을 조달하는 방법은 비정상적인 정경유착에 의해 일어날 수밖에 없다. 정치자금 조달이라는 새로운 정치부패의 관행이 더 강해지는 것이다. 그동안 보수정당에 의한 '차떼기' 의혹들은 이러한 단면을 극적으로 드러낸 것이다. 대규모 권력형 정치부패가 일어나는 것이다. 이러한 사례는 비단 우리나라뿐 아니라 대만의 민주화 과정에서도 살펴볼 수 있을 것이다. 아시아 여러 나라에서 정치적 민주화가 진행되고 있지만 권력형 정치부패라는 또 다른 부작용을 앞으로 목격하게 될 것이다.

공화주의자들이 경계한 부패는 권력형 부패이다. 마키아벨리 역시 메디치가(家)의 피렌체 통치를 분석하면서 부패는 권력자의 손 안에 놓여 있다고 강조했다. 그는 권력자가 그의 지지자들에게 사적인 이익을 위해 특정한 서비스를 제공하는 것이라고 보았다. 이러한 서비스는 조세와 연결되어 있거나 관직 임명과 연관되어 있다고 보았다. 베네치아도 이러한 부패에서 면역되어 있었던 것은 아니었다. 반면에 베네치아는 이를 끊임없이 경계했고 특정인에 의한 관직의 장기화와 독점을 방지하려고 나폴레옹에 의해 공화국이 멸망하는 날까지 노력했다. 그들은 부패가 공화국의 이상에 요구되는 덕을 상시적으로 위협한다고 보았다. 베네치아 제도에서 볼 수 있는 복잡한 각종 위원회와 다양한 선출방식은 내부적으로 공화국을 권력자에 의한 부패에서 보호하려는 고육지책이었다. 후세 사가들에 의해 베네치아가 음모적인 위원회와 비밀경찰에 의해 지배되고 있었다는 비난은 베네치아의 정복을 정당화하려는 나폴레옹의 변명에서 비롯되었다. 이 도시국가의 정치제도는 반부패를 위해 천 년간 노력한 제도의 산물이었다.

해링턴 이후 18세기 영국의 공화주의자들이 가장 관심을 가진 것은 '덕과 부패'의 담론구조였다. 이를 달리 표현하면 당시 영국에서 가장 문제가 되었던 것이 바로 정치적 부패였다고 할 수 있다. 17세기 해링턴이 청교도 혁명을 거치면서 공화주의를 영국에서 정립했다면 18세기 신해링턴주의자들은 명예혁명을 거치면서 해링턴의 공화주의를 재해석했다. 이들에게 가장 관심이 되었던 것은 궁정파(Court)에 의한 권력의 자의적 남용과 이에 관련된 부패였다. 특히 1690년대의 금융혁명은 이러한 부패를 더 만연시켰다. 신해링턴주의자의 등장에는 명예혁명 이후 나타난 궁정파의 독점적 지배와 금융혁명에 의한 부패의 조장이 있었다고 볼 수 있다. 영국은행의 발전과 공채의 지속적인 발행으로 새로운 형태의 재산을 소유하게 되는 계층이 나타나면서 이들 때문에 부패가 만연되었다고 신해링턴주의자들은 비판한다.

금융혁명으로 야기된 정치적 논쟁이 바로 '덕과 부패'의 전투였다. 금융혁명으로 토지가 아닌 화폐적 이익(monied interest)으로 부를 축적하는 재산소유자들이 등장했다. 이들은 정부가 발행하는 공채에 투자하는 계층으로, 정부에 의존하여 그 후원으로 살아가고 있었다. 이들이 궁정파를 형성하여 국왕과 이해관계를 같이하면서 권력형 비리를 조장했다. 정부는 공채를 통해 빌린 돈으로 상비군(standing army)이라는 근대적 군대를 갖게 되었다. 정부는 의원들을 매수하고 7년전쟁, 미국독립전쟁, 프랑스혁명 전쟁 등을 통해 공채 발행을 계속해가고 있었다. 이런 가운데 자연스럽게 부패가 만연하고 정부는 과두제적 성격으로 변화했다.

이러한 상황에서 궁정파에 의해 정치적으로 소외받고 부패에 분노하는 세력을 중심으로 자연스럽게 지방파(Country)가 형성되었다. 이들은 궁정파에 의한 권력의 독점과 부패를 비판하는 이론적 무기로서 공화주의에 주목했다. 그들의 시각에 의하면 로마공화국이 500년간이나 늘 전쟁을 벌이면서도 자유를 잃지 않은 이유가 중산층을 바탕으로 한 시민군이 존재했기 때문이라고 보았다. 시민의 정치적 권력과 군사적 힘이 통합됨으로써 자유에 대한 사랑이 유지되었고 그로 인해 정부의 자유와 안정도 보장되었다는 것이다. 로마의 몰락은 바로 이러한 정신이 사라지고 사치와 부패가 만연되면서 시작되었다는 것이다. 그들은 마키아벨리를 인용하면서 재산을 지닌 시민의 군대가 국가의 내부적 안정과 외부적 방어의 유일한 보장장치라고 주장했다. 이들은 상비군을 이러한 시민군과 양립할 수 없는 제도로 보았다. 로마와 마찬가지로 부유하고 사치스런 사람들이 직접 싸우는 대신 돈을 지불하여 전문적인 군인들을 고용함으로써 무력이 시민의 수중에서 빠져나감에 따라 폭정이 등장하게 된다고 보았다. 부패하고 전제적인 정부의 권력을 견제하기 위해 시민군이 영국에서 다시 부활해야 한다고 주장했다. 상비군은 부패의 상징이었다.

명예혁명과 금융혁명 이후의 18세기 영국 사회의 변화는 재야 지식인의 시각에서는 심히 우려스러운 것이었다. 정치적 부패와 경제적 불평등, 사치와 부패, 이로 인한 도덕적 해이가 공동체의 붕괴를 초래할지 모른다고 우려했다. 이러한 사회 병리는 영국인들의 자유를 파괴하게 될 것이라고 걱정했다. 18세기를 통해 줄곧 이러한 정치 사회 문제에 비판을 가하는 이론적 근거가 된 것이 고전적 공화주의 혹은 시민적 휴머니즘이었다. 이들에게 자유의 기초가 바로 고전적 의미의 덕인데 금융혁명에 의한 권력형 정경유착과 전문적인 용병으로 이루어진 상비군은 부패의 온상이라고 보았다.

우리나라에서 1987년 이전의 정치담론이 '민주와 반민주' 전선으로 이루어졌듯이 18세기 영국에서는 '덕과 부패'의 담론 구조를 형성했다. 민주-반민주 구도는 1960년대 이전에 일부 지식인의 인식에서 출발하여 1970년대와 1980년대를 거쳐 제도정치권으로 확산되었고 1987년을 전후하여 일반 국민들에게서도 광범위한 지지를 얻었다. 이러한 국민적 여론이 형성된 것은 우리 사회에서 가장 중요한 정치적 현안이 민주화였기 때문이다. 이와 마찬가지로 18세기 영국 사회에서 명예혁명과 금융혁명 이후 한 세기 동안 가장 중요한 정치적 현안은 부패 척결이었다. 그리고 이 부패는 정치권력을 중심으로 한 권력형 부패였다. 1987년 이전의 우리나라의 민주 - 반민주 구도처럼 18세기 영국의 정치적 전선은 '덕과 부패'의 구도였다. 이는 한 세기를 넘어 계속되었고 신해링턴주의자로 통칭되는 이 재야 지식인들의 사상이 자연스럽게 영국과 미국의 대서양 양안에서 광범위하게 퍼져나갔다. 시민혁명기의 사상들은 팸플릿을 통해 전달되었다. 이 시기에 대표적인 공화주의적 팸플릿이 트렌차드(John Trenchard)와 고든(Thomas Gordon)의 카토의 편지(Cato's letters)이다. 카토의 편지는 18세기 영국의 정치와 사회를 격렬하게 비판했다. 자유지상론을 역설하는 그들의 책은 다채롭고 신랄하며 유려한 문장에다 월폴 집권기에 반코트세력의 좌파에서 내세우던 주요한 주장을 담고 있었다. 이 서한집은 처음 발행되던 때부터 15년 동안 영국에서뿐만 아니라 미국 식민지에서 매우 큰 인기와 영향력을 누렸다. '카토적 관념'이라는 표현으로 당대의 정치이론에서 핵심적 지위를 차지했다. 그들의 글이 전부 그대로 또는 일부 발췌되어 여러 차례 간행되었고 신문에서 인용되었으며 많은 팸플릿에서 되풀이되어 언급되었다. 이러한 신공화주의적 담론이 영국의 민주주의 발전과 미국 독립혁명의 밑거름이 되었음은 두말할 필요가 없을 것이다.

3
공화주의의 내용

▌ 공공선

공화주의의 내용에서 가장 중요한 것은 공공선에 대한 인식이다. 일반적으로 공익(public interest)으로 당연하게 받아들이고 있지만 공화주의적인 인식이 전제되지 않은 공익 관념은 공허한 정치적 수사에 불과하다. 공공선(public good)에 대한 인식 없이는 공익은 정치적 구호에 지나지 않는 빈껍데기이다. 공화주의에서 바람직한 정부형태로 혼합정체를 주장하는 이유도 공공분야에서 개인이나 정파의 이해를 넘어서는 공공선을 실현하기 위해서 필요한 제도적 장치로 보기 때문이다.

공공선은 당연한 상식으로 간주되는 반면 우리 사회에서 한 번도 제대로 된 공론 과정을 거친 적이 없다. 건국 이후 지금까지 공공선이 중요한 사회적 담론으로 심각하게 고려된 적이 없는 것이다. 박정회 시기에는 국익(national interest)이 가장 중요한 덕목이었고 그 해체기에는 개인의 이익(individual interest)을 강조하게 되었다. 그리고 1980년대에 유행했던 마르크스주의는 노동계급의 이익을 강조한다. 어느 경우에도 공동체 전체로서 공공선에 대한 천착은 없었다. 그렇기 때문에 공공선이나 공익은 우리 사회에서 한 번도 심도 있게 논의된 적이 없고 단지 당연한 것으로 간주되는 '의제(擬制)된 개념'에 불과하다.

이와 달리 미국에서는 독립혁명 기간을 전후해서 가장 중요한 개념이 바로 공공선이었다. 독립혁명과 건국 전후 미국에 유입된 공화주의는 전체의 이익을 위해 개인적 이익을 희생해야 하며 정부는 국민의 복지라는 공화주의의 일반적 명제를 미국인들에게 설파했다. 공공선은 미국인들에게 도덕적 명제로 수용되었는데, 실제 해밀턴, 토머스 페인 등 미국 정치사 초기의 사상가들의 저작에서 자유(liberty) 다음으로 가장 빈번히 등장하는 개념이 공공선이다. 다시 말해서 공화주의 사상은 미국으로 유입되면서 당시 미국인들에게 단순한 정부형태를 의미하는 것이 아니고 영국으로부터 정치적 독립을 달성하기 위한 명분에 도덕성을 부여한 도덕철학 성격을 가졌던 것이다. 1763년 이후 영국 의회가 미국 식민지에 대한 적극적 간섭정책으로 선회하자 이는 식민지인들에게는 영국의 부패한 정치체제를 미국에 이식하려는 시도로 보였고 이러한 시도를 거부하는 덕을 강조하게 되었다. 영국의 공화주의에서처럼 '덕과 부패'의 대결로 독립혁명을 바라보게 되었고, 영국의 이러한 시도를 '부패'의 이식으로 보는 공화주의 정치사상이 독립혁명의 이념적 기원이 되었다. 당시에 유행했던 언어들은 개혁(reform), 자유(liberty), 공공선(public good) 등이었다.

공공선은 로마의 '공적인 것(res publica)'에서 나온 개념이다. 이를 영어로 옮긴 것이 공공선이다. 이는 다의적 개념으로 공동선(common good), 공익(public interest) 등으로 사용된다. 이 개념이 정치사에서 동양과 서양을 갈라놓는 가장 중요한 개념이 되었다. 공공선은 정치사에서 코페르니쿠스적인 전환으로 평가할 수 있다. 특정한 개인이나 집단의 이익과는 구별되는 전체의 이익(interest of whole)이 있다는 추상적인 관념의 발명이다. 정치공동체(polity) 전체의 이익이 개별적인 이익과 구분되어 존재한다는 것이다. 이는 구체적이고 개별적인 것에서 일반적이고 추상적인 개념으로 진화한 것을 의미한다. 이런 관념의 발명이 공화주의(republicanism)의 출발점이 된다. 동서양의 정치사는 이 관념의 차이에서부터 달라진다고 평가하더라도 지나치지 않을 것이다. 왕의 것도, 귀족의 것도, 평민의 것도 아닌 공동체 전체의 것이라는 추상적 관념이 로마의 공화정체와 근대 공화주의를 낳는 기초가 되었다. 관념의 차이는 현실의 차이를 낳는다. 공화국 전체의 공공건물이 등장하게 된다. 공중목욕탕, 공중 화장실, 공공 경기장, 공공 도서관, 공공 박물관, 공공 도로, 개선문까지 공공건물이 생성되게 된 바탕에는 공공선이란 관념이 자리 잡고 있다. 동양의 전제군주제에는 이러한 공공선이라는 관념이 존재하지 않는다. 이런 인식은 동양의 도시에서도 고스란히 드러난다. 왕이 있는 궁궐과 이를 중심으로 한 내성과 외성, 그 사이를 가로지르는 주작대로가 있으나 어디에도 공공을 위한 시설은 존재하지 않는다. 왕과 신하와의 의무를 전제로 한 건축이 있을 뿐이다.

이러한 역사문화적 전통에서 근대 이후 서구의 문물을 받아들이면서 공공시설들이 먼저 들어오게 된다. 공원, 공공 박물관, 공공 도서관 등이 들어오지만 이들이 바탕이 되었던 공공선에 대해서는 형식적 수입에 그치고 있다. 공익을 말하지만 이것이 사익과 어떤 연관을 갖는지 그리고 공익의 내용이 무엇인지에 관한 사회적 합의는 생성되지 못했다. 건물은 도입되었으나 공공선이란 의식은 여전히 겉돌고 있는 것이다.

반면 미국의 독립혁명기에는 공공선이란 관념이 사회적 합의로 도출되었고 이것이 미국 건국의 튼튼한 기초가 되었던 것은 주지의 사실이다. 미국이 오늘날 초강대국의 면모를 갖추게 된 초석은 국가 형성과정에서 공고히 다져진 공공선에 대한 인식이라고 할 수 있을 것이다. 전체의 더 큰 이익을 위해 개인적 이익의 희생이 공화주의의 정수를 형성하고 미국인들에게 독립혁명의 이상적 목표로 이해되었다. 이러한 목표에서 그들의 이데올로기를 혁명적으로 만든 문학작품과 저작이 흘러나왔다. 공화주의적 이데올로기가 사회와 정치가 어떻게 조직되고 작동해야 하는지에 관한 미국인들의 인식을 형성했다. 이러한 비전은 미국의 실제 현실과는 괴리가 있었고 그 이전의 백 년 동안의 미국의 경험은 그 비전에 반대되기도 했다. 이러한 움직임만으로도 미국 독립혁명은 그들의 역사에서 위대한 유토피아 운동으로 만들어졌다. 미국인들은 이를 통해 전통적인 공화주의 이상을 실현하려고 했고 공동선(common good)은 정부의 유일한 목표가 되었다. 모든 정부는 일반 복지와 공동체의 안전을 위해야 하고 계획되어야 한다고 보았다. 공화주의 정부에서 시민의 복지는 정부가 제도화해야 할 지원이며 일이며 목적이어야 한다고 보았다. 말 그대로 "공화주의 정부는 시민의 복지 이외에 다른 목적을 갖지 않는다"고 정의되었다. '공적인 것(res publica)'은 '시민의 복지(the welfare of the people)' 그 자체이다. 라틴어 '공적인 것(res publica)'은 영어로 공적인 일(public affairs) 혹은 공공선(public good)으로 이해되었다. 열렬한 독립운동가의 한 사람으로 '자유가 아니면 죽음을 달라'고 외쳤던 페인(Thomas Paine)은 "공화(republic)라는 말은 공공선(public good)을 의미하며 전체의 선(the good of the whole)을 말한다. 이는 전제적인 형태에 대립되는 것으로 주권적 선이나 1인의 선 그리고 이를 위한 유일한 정부의 목적에 반대한다". 공화에 가장 정확하게 비슷한 영어는 '공동의 부(commonwealth)'*인데, 펜들턴(Edmund Pendleton)은 이를 군주(Crown)보다는 전체 국민에 속하는 국가라고 제안했다.

자유정부(free government)에서 공공선은 국민의 복지(people's wel-

---

* commonwealth는 크롬웰 이전부터 영국에서 '공화국'으로 번역되는데, 이는 공공선의 또 다른 표현이다. 영연방에서도 이러한 역사적 배경으로 Common-wealth of British으로 표기한다. 해링턴도 그의 이상향을 Commonwealth of Oceana로 표현했다. 이는 영국인에게 공화가 '공동의 부'로 인식되었음을 의미한다.

fare)와 일치하며 이는 공동 감성(common feeling)의 문제이며 공동의 합의(common consent)이기 때문에 휘그(Whig)의 마인드에서 이를 실현하는 가장 좋은 방법은 국민들에게 정부가 최대한의 목소리를 허용하는 것이다.

미국 건국의 아버지들에게 공공선은 자유만큼이나 중요한 문제였지만 공공선과 파벌(faction)의 관계에 대해서 또 다른 고민을 발견할 수 있다. 공공선이 전체의 이익이라면 공동체 안에서 각기 처지가 다른 당파들의 이해관계와 공공선이 어떤 관련이 있는지 문제가 되었다. 이들은 공공선은 전체의 이익이기 때문에 정파의 부분 이익이 전체의 이익과 다를 경우 당파의 이익은 전체를 위해 손해를 감수해야 하는 것으로 보았다. 이러한 인식으로 이들은 정당을 인정하지 않으려는 경향을 보이게 된다.

이처럼 공공선은 미국 독립혁명을 전후한 시점에서 미국 사회가 가장 심각하게 고민하던 문제였으며, 극단적으로 말하면 정부가 할 일은 공공선, 즉 국민의 복지를 실현하는 것으로 보았다. 미국 공화주의에서 가장 대표적인 두 가지 가치는 자유와 공공선이었다. 정부의 일은 개인의 자유를 최대한 보장하고 또한 이러한 자유주의가 다할 수 없는 일에 대해 공공선을 강조하여 국민의 복지를 보장하려고 한 것이다. 독립혁명기의 미국 건국이념을 요약하다면 개인의 자유와 공공선인 국민의 복지를 보장하는 것이었다.

▌ 자유인과 시민성

　미국 독립혁명기에도 가장 빈번하게 나오는 개념이 자유와 공공선이었으며, 미국 헌법의 중요한 두 가지 정신이 자유주의와 공화주의라고 보는 것이 일반적 개념이다. 시민혁명의 철학적 근거가 로크의 『시민정부론』이라고 보는 전통적 견해에 의하면 더욱 그러하다. 로크의 기본 정신이 자유를 '간섭의 배제'와 자의적 권력남용을 방지하는 것에 있고 사적 가치와 재산권 보호를 가장 중요한 시민사회의 덕목으로 보는 점에서도 그렇다. 자유를 자유주의의 기본정신으로, 공공선을 공화주의의 기본가치로 보고 이 둘을 근대 시민혁명의 근간으로 보고 있다.

　그러나 이러한 전통적 견해는 그동안 미국 사학계에서 일반화된 것이지 본래적 의미의 공화주의를 지나치게 협소하게 이해하고 있는 것이다. 로마 이래로 고전적 공화주의에서부터 공공선 못지않게 자유가 강조되어왔다. 아니, 공공선의 전제로서 자유와 이를 가능하게 하는 자유민의 존재를 강조하고 있다. 공화주의의 기초는 공공선 이전에 자유로운 시민과 이를 보장하는 시민의 자율적 무장능력에 있다. 공화주의의 초석은 그리스·로마 시대부터 자유민이었으며 마키아벨리도 도시국가의 시민이 공화주의의 기초임을 강조했다. 이들은 어떤 권력에도 종속되지 않는 자유로운 시민을 말한다. 자유인은 '권력으로부터 간섭의 배제'를 가장 기본적인 것으로 간주한다. 그런 의미에서 고전적 자유는 로마 이래로 '간섭의 배제'였다. 간섭이 배제되고 권력에 종속되지 않은 자유민들의 공동체가 바로 공화정이라고 보았던 것이다.

역사의 시기를 불문하고 로마 시대부터 현대의 공화주의자에 이르기까지 공화주의에 가장 중요한 기초를 '두터운 중산층으로서 시민계급'으로 보고 있다. 폴리비우스가 로마 공화정의 황금기로 보고 있는 과두제 이후부터 삼두정치 이전까지의 시기에 급속한 로마의 성장을 이룬 원천은 바로 견실한 중산계층의 자유인이었다. 이들은 독립적 토지를 가진 농민이었고 전쟁에 나아갈 때 국가로부터 무기를 배급받는 것이 아니라 자신의 재산으로 무장하고 전쟁터로 나간 시민군(militaria)이었다. 그리고 정치문제에 관해서는 광장에서 토론에 참여하고 투표하는 주권자였다. 이 시기의 시민들은 독립적 토지, 자립적인 무장능력과 자발적 전쟁참여, 그리고 주권자로서 참정권의 행사라는 네 가지 요소를 갖추고 있는 자유인이며 로마의 시민이었다. 한니발과 일전을 불사했던 포에니 전쟁 이후 로마는 급격하게 황제에 의한 제정으로 변해간다. 이는 삼두정치와 그들의 권력욕이라는 정치적 요인 못지않게 긴 전쟁으로 시민계급이 몰락했음을 의미하기도 한다. 대외전쟁 와중에 로마는 팽창하여 국력은 신장되었지만 초석이 되었던 시민들은 몰락하는 역사적 아이러니를 경험하게된다. 시민들은 전쟁 중에 부상과 사망으로 인적 자원이 줄어들었을 뿐 아니라 직접 부담하는 경제적 비용으로 몰락하는 사례가 증가했다. 로마의 기반이 되었던 자유민에 의한 농촌사회는 붕괴되고 대신

대지주가 중심이 된 라티푼디움으로 재편되었다. 삼두정치 시기에 이미 로마는 중세적인 장원경제로의 퇴행이 일어나고 있었던 것이다. 그 한가운데 로마의 근간이 되었던 시민의 몰락이 있었다. 자유민인 시민이 몰락할 때 로마의 공화정 역시 쇠락의 길로 접어들고 제정으로 정치적으로 후퇴했으며 장원경제를 중심으로 한 중세로의 퇴행이 일어났던 것이다.

아리스토텔레스 이후 공화주의의 핵심은 인간적 삶의 가장 고귀한 형태는 시민적 삶이라고 주장한다. 시민은 그의 가족(oikos)을 단위로 공동의 일을 공동이 결정하는 공동체에 동등자로서 참여하는 것을 이상으로 한다. 그리스·로마에서 이 가계에는 참정권이 없는 노예가 있었다. 반면 16세기 이탈리아 도시국가들은 노예를 바탕으로 하지 않은 자유민들의 공화정을 만들었다. 특히 베네치아의 경우 농업이 기반이 아니라 통상이 이 자유민들의 경제적 기반이 되었다. 베네치아가 독재자의 출현을 끊임없이 경계한 것처럼 이 자유민들을 보호하기 위한 다양한 정책을 보면 그들이 공화정의 근간이 경제적인 자유인에서 비롯된다는 것을 누구보다 잘 알고 있었음을 볼 수 있다. 인구 10만~20만의 도시국가에 불과했지만 이 작은 도시국가에서 자유로운 시민의 역할이 무엇보다 중요함을 누구보다 잘 알고 있었다.

마키아벨리도 베네치아 이웃 피렌체에서 자유민과 이들을 바탕으로 만든 시민군(militaria)이 공화정의 근간이라고 보았다. 피렌체가 경제적 번영과 문화적 풍요로움에도 불구하고 정치적 혼돈과 외국으로부터 내정간섭을 받는 가장 결정적인 원인은 건실한 시민군이 없기 때문으로 보았다. 참주가 용병을 고용하여 지키는 공화국은 정치적 존립이 취약할 수밖에 없다고 주장했다. 용병이 아니라 자유로운 피렌체 시민의 무장한 군대만이 공화국을 지킬 수 있다고 본 것이다.

자유인과 시민군에 대한 공화주의자들의 확고한 신념은 영국의 해링턴주의자와 미국 건국의 아버지들에게서도 그대로 발견된다. 이들은 중세의 암흑기를 자유민과 시민군의 몰락에서 찾는다. 그리고 봉토를 매개로 주군과 제후 혹은 기사 간의 종속적 계약에 의해 인간들이 자유를 상실한 시기로 보고 있다. 종속적인 존재가 정치적인 자유를 가질 수는 없다. 중세의 봉건적 억압은 바로 이와 같은 종속적 신분계약에 의해 일어난 것으로 보고 있다. 이 대서양 양안의 공화주의자들은 공화주의의 부활을 위해서 가장 선행되어야 할 것이 바로 자유민의 토대를 마련하는 것으로 보고 있다. 토지를 기반으로 한 독립적 개인들과 이들의 독립적인 무장능력 그리고 이를 기초로 한 시민군을 공화정체의 근간으로 본 것이다. 이들에게 자유는 "간섭의 배제"였다. 이들은 부패 역시 종속적 관계에 의해 파생적으로 나타나는 것으로 보았다.

공화주의의 기초가 자유민과 시민성이라면 후기 산업사회에서 자유민과 시민성은 어떻게 정의되어야 하는가? 그리고 한국 사회에서 공화주의의 기초로서 시민성은 무엇인가? 더 근원적으로는 공화적 의미에서 한국에는 과연 시민이 존재하는가? 이는 한국 공화주의의 미래와도 직결되어 있다. 고전적 공화주의의 기초는 자유인인 시민이다. 자유시민 세력이 두텁게 형성되어야 공화주의의 근간도 튼튼해진다. 로마나 베네치아가 가장 중요하게 생각한 것도 바로 이 시민계급의 육성과 보호였다. 이 기반이 무너질 때 로마의 공화정 역시 역사에서 퇴장했다. 이 시민들은 국왕이나 귀족 등 다른 계급에 종속되지 않는 독립적 개인들이었다. 경제적으로 자립해 있었고 정치·군사적으로 독립적으로 행위했다.

한국 공화주의의 미래도 독립적 시민의 기반이 어떻게 형성되고 존속하느냐에 달려 있다. 오늘날과 같이 지식기반사회로 진입한 한국 사회에서 독립적 자유시민은 지식전문인과 지식노동자들이 될 것이다. 평생직장 개념이 사라지고 직업적 유동성이 증가하면서 고용안정성보다 고용가능성(employability)이 더 중요하게 되었다. 전문적인 지식을 기초로 경제적 독립성을 지니고 전직과 이직을 상시적으로 할 수 있는 전문직업인이 증가하고 있다. 21세기에서 고전적 공화주의의 자유시민과 같은 계층이 바로 이 지식전문가들이다. 어느 특정 기업에 종속적으로 평생 고용된 것이 아니라 자신의 지식과 경험을 바탕으로 독립적인 계약과 고용이 가능한 직업군이 된 것이다.

이러한 전문직업인이 종속적 고용관계가 아니라 실질적으로 독립성을 유지하면서 현대적 공화주의의 근간이 되는 자유시민이 될 수 있을 것이다.

▋ 자유주의와 공동체주의

고전적 공화주의는 두 가지를 근간으로 이루어졌다고 할 수 있다. 공화주의 정부는 자유인인 시민들의 독립성과 자유를 보장하고 또한 공공선의 실현을 위해 시민들의 복지를 보장하는 것이 존립 이유이다. 공화주의적 정부의 역할을 중심으로 할 때 중요해지는 정치사상이 자유주의와 공동체주의이다.

자유주의와 공동체주의는 현대 철학에서 대척점에 있는 정치사상으로 이해되고 있지만 원래 공화주의의 내용을 구성하는 두 가지 원리였다. 달리 표현하면 공화주의가 현대적으로 분화하여 자유주의와 공동체주의로 분지되었다. 그러나 공화적 이상에는 이 둘이 대립적이고 모순적인 것이 아니라 공화정을 위한 두 가지 원천으로 통일적으로 결합되어 있었던 것이다. 서구 철학에서 오랫동안, 특히 롤스 (J. Rawls) 이후 자유주의와 공동체주의의 논쟁이 있었지만 여전히 해결의 실마리를 찾지 못하고 있다. 공화적 통일성에서 자유주의와 공동체주의의 통일의 실마리를 찾을 수 있을 것이다. 더 큰 의미는 이러한 통일적 이해가 한국 사회에서 자유와 공동체의 갈등(trade off)을 실천적으로 해결해줄 수 있을 것이다.

1987년 민주화 이후 자유와 개인, 공동체와 사회정의에 대한 사회적 합의가 명시적으로 형성된 것은 아니지만 정치적 수사 차원에서는 거의 사회적 합의에 도달하고 있다. 보수정당이나 개혁정당 모두 선거기간에 제시하는 정책들의 방향은 대동소이하다. 큰 줄기는 개인의 자유와 시장의 경쟁을 신장하고 이 경쟁의 탈락자(underdog)들이 패자부활을 할 수 있는 사회정책을 실시한다는 중도적인 견해이다. 적어도 대통령 선거와 총선거에서 나오는 대표적인 공약들은 이러한 관점에서 크게 벗어나지 않는다. 그러나 어느 정당에서도 명시적으로 공공선에 대한 명확한 입장을 밝히고 있지는 않다. 온정주의적인 수준에서 복지정책과 사회정책에서 약자와 소수자 보호에 관한 정책들이 나오고 있는 것이다. 정치세력에서 자유주의에 대한 뚜렷한 견해도, 공공선에 대한 명확한 관점도 나오고 있지 않다. 이는 아직도 우리 사회에서 자유와 공공선에 대해 뚜렷한 입장을 가진 정치세력이 존재하지 않음을 의미한다. 민주화 20년 이후에 자유와 공공선에 대한 철학과 정책의 개념정리와 관계설정이 요구되고 있는 것이다.

▌ 간섭의 배제로서 자유

자유를 소극적 의미로 본 20세기 대표적인 학자는 하이에크(Hayek)이다. 그는 자유를 '간섭의 배제'로 보았다. 특히 권력으로부터 개인의 간섭에 대해 체질적인 거부감을 드러냈다. 정치권력의 남용에 의해 개인에게 공권력을 행사하는 것을 경계했다. 그가 가장 우려했던 것은 복지국가와 그에 수반되는 행정국가에 의해 개인의 자유를 침해하는 것이었다. 특히 사회정의와 사회적 최소한이란 개념을 도입하여 복지정책의 정당성을 강조하고 이를 위한 재분배 정책을 극도로 경계했다. 하이에크에게 간섭의 배제는 본질적으로 복지국가와 행정국가에 의한 개인의 재산권에 대한 간섭을 경계했던 것이다.

그러나 자유를 간섭의 배제로 보는 견해는 유구한 역사를 가진다. 그리고 그 시대 상황에 따라 똑같은 의미인데도 불구하고 그것이 가지는 정치적 함의는 판이하다. 로마의 공화정에서도 자유는 간섭의 배제였다. 이때 중요한 것은 자유가 누구의 자유이며 배제가 무엇으로부터의 배제인지가 중요하다. 그리고 당시 공화주의자들이 염려하고 우려했던 것이 무엇인지를 살펴보는 것은 더 중요하다.

간섭의 배제로서 자유는 로마 시민들의 것이었다. 이들이 느끼는 간섭은 크게 두 가지이다. 하나는 공화정을 위협하는 독재자의 출현이며, 다른 한편은 외국으로부터의 침략이다. 시민들은 국내적으로 독재자로부터의 간섭 배제와 국제적으로 외국의 침략자로부터의 간섭 배제가 자유의 근원이라고 보았던 것이다. 시민들은 어느 계급이나 지배자에 종속되지 않는 독립적 개인이며 국왕을 위해 머리 숙이는 일도 없다. 경제적으로 토지를 기반으로 한 자영농민이며 스스로 무장을 하고 전쟁에 참여하는 독립된 군사결사체였다. 또한 이러한 경제적 그리고 군사적 독립을 바탕으로 국정에 자유로이 참여하는 시민들이었다. 이들이 이상으로 삼는 인간은 내외적 간섭으로부터 자유로운 시민이었다. 이들 공화국 시민들에게 '자유는 간섭의 배제'라는 것은 지극히 당연해 보이는 명제였다.

그러나 현실에서 이런 자유를 지키기 위해서는 부단한 노력과 정치적 투쟁이 필요했다. 인간의 거친 욕망과 공화주의의 이상은 언제나 충돌할 개연성을 내포하고 있었다. 영향력이 강한 귀족이나 참주는 보다 많은 권력을 갖고 지배하고 종속시키려는 경향을 가지고 있었다. 또한 시민들은 파퓰리즘적으로 영웅을 숭배하는 집단심리에 휩싸이기 쉽다. 귀족이나 참주의 욕망과 대중의 영웅선호로부터 공화정을 지키기 위한 시민들의 지난한 노력이 필요했다. 고전적 공화주의 역사는 이러한 인간의 욕망과 공화주의적 이상 사이의 투쟁의 역사였다. 마키아벨리 역시 공화적 이상과 인간의 욕망 사이에서 갈등하고 고민했다. 그런 고민의 산물이 불멸의 『군주론』과 『리비우스 논고』가 아닐까?

공화주의에서 정치적으로 가장 중요한 것이 공화국의 근간이 되는 자유인의 육성과 보호라면, 자유 역시 이러한 가치를 지키기 위한 '간섭의 배제'는 논리필연적인 것이다. 따라서 공화주의에 내포된 가장 우선적인 가치는 자연스럽게 '간섭의 배제'로서 자유주의가 되는 것이다. 자유의 가치를 간섭의 배제로 보는 것은 고전적 공화주의자로부터 현대의 공화주의자에 이르기까지 유구한 전통이 되었다. 현대의 신공화주의자들은 "주종관계 속에서 사는 것도 그 자체로서 자유에 대한 속박의 한 형태이며 하나의 원천"이라고 강조한다. 대표적인 신공화주의자인 스키너(Q. Skinner)는 "자유의 부재는 간섭이나 예속에서 기인한다"고 보았다.

고전적 공화주의는 언제나 예속에 저항했는데, 그것은 예속이 한쪽에서는 비굴함을 키우고 다른 한쪽에서는 오만을 부추기기 때문이다. 비굴과 오만은 시민적 삶이라는 이상에 똑같이 해롭다. 특히 자의적 권력과 주종적 지배 관행이 지속되는 것이 방종이나 사회적 책임의 부재 그리고 시민적 문화를 질식시킨다. 공화주의의 레스 푸블리카(res publica)의 이상은 어느 누구도 굴종하지 않도록 하고 어느 누구에게도 주종적 지배를 허락하지 않는 공동체이다.

베네치아 공화정은 그 기반이 되는 자유로운 시민의 토대를 유지하기 위해 부단한 노력을 했다. 토지 기반을 가지고 있지 못한 대신 대외 통상을 통해 부를 축적하고 이러한 자유 시민들의 통상을 보호함으로써 시민 그 자체를 육성하고 보호하려고 했다. 시민들에게 국가가 부여한 각종 경제적 기회들과 금융제도의 뒷받침은 베네치아 공화정이 천 년의 세월을 견딜 수 있는 힘을 제공했다. 동시에 베네치아에서는 누구나 해외무역에 참가할 수 있는 반면 대(大)상인의 독주를 방지하도록 적절한 정치적 개입을 했다는 점이다. 베네치아에서는 제노바나 피렌체에서처럼 대상인이나 대금융자본가는 끝내 발생하지 않았다. 이들이 자유민의 보호와 함께 종속적 지배관계가 될 수 있는 것에 대한 경계를 게을리 하지 않았기 때문이다.

17세기 영국 공화주의자들이 중세 봉건제에 대해 가장 비판한 점도 봉건제가 가진 제도적 주종관계와 종속성이었다. 봉토를 매개로 제후와 기사는 종속적 군신관계로 전락하고 자유시민의 지위는 사라지고 만다. 이런 관계에서 정치적 자유가 무의미하고 제후에 의한 간섭과 월권은 일상사가 되어버렸다. 중세의 암흑기는 교황의 신권정치보다는 종속적 지배와 이에 따른 자유의 상실에 있다. 더 정확히는 자유인으로서 시민이 역사에서 사라졌기 때문이다.

▌ 공공선을 추구하는 국가

독립적 재산과 무장능력을 지닌 개인들의 연합은 어떤 형태가 될 것인가? 종속적이고 위계적인 관계를 부인하고 자유를 간섭의 배제라고 하면 공화주의에서 국가의 역할은 무엇인가?

국가의 권력이 등장하면 필연적으로 간섭을 받게 되고 이에 따라 개인의 자유는 불가피하게 억압되는 것인가?

이러한 의문에 대해 공화주의는 현실적인 해답으로 접근한다. 공화주의자들은 독립된 개인의 이익을 묶어 공공선이라는 새로운 공동의 이익에 합의하는 것이 가능하다고 보았다. 이 공공선은 특정한 개인의 이익과는 구별되는 것으로 보았다. 특히 군주나 귀족처럼 권력과 부를 동시에 지닌 개인들의 것과 구별되는 공공의 것으로 보았다. 따라서 공공선으로 개인의 자유를 제한하는 것을 간섭으로 보지는 않는다. 공화주의자들이 주목하고 있는 간섭은 종속적 관계에 의한 인간과 인간 사이에서 발생하는 간섭이다. 그렇기 때문에 군주제나 과두제에 의한 인간관계를 거부한다.

독립된 개인들이 공동으로 합의한 것이 공화이며 그에 의한 정치가 공화정이라고 본다. 이에 따라 공화정이 추구해야 할 국가의 역할은 개인의 자유와 사익을 넘어선 공공선을 보호하고 보장하는 것이다. 이 경우에 자유와 공공선은 갈등관계가 아니라 상호 통일될 수 있는 길이 열린다. 공공선은 사적 개인의 이익이 아니기 때문에 공공선에 의한 개인의 제한은 자유의 침해가 아니다. 공동체 구성원 모두의 이익을 위해 개인의 자유는 제한이 가능하게 된다.

그러나 공화주의자는 국가권력의 남용을 누구보다 경계한다. 권력이 공공선을 가장한 사익에 포획되어 개인의 억압하는 전제주의로 흐르는 것을 경계한다. 그래서 공화주의는 특정 개인에 의한 권력의 독점과 이에 따른 부패를 방지하고자 견제와 균형이라는 제도적 장치를 강조했다.

더 중요하게는 공공선으로서 개인과 공동체를 보호하기 위해 공화주의의 중요한 원칙으로 법의 지배와 정의를 제시한다. 법의 지배는 어떤 개인도 법에 의하지 않고는 개인의 자유를 제한당하지 않는다는 로마법 이후의 기본 원칙이다. 사회적으로 합의된 법에 의해서만 개인의 자유가 제한될 수 있으며 사적 개인의 권력으로써 제한해서는 안 된다는 것이다. 근대 공화주의자들은 봉건제와 절대권력에 의해 사적 개인들, 특히 국왕의 권력 남용으로부터 침해된 개인의 자유를 경험했기 때문에 가장 중요한 원칙으로 국왕에 의한 간섭의 배제를 제일 원칙으로 강조했다.

법의 지배와 함께 공화주의의 공공선에서 가장 중요한 것은 정의이며 이 정의는 정치적인 것만이 아니라 사회경제적인 것을 포함하고 있다. 오직 정의로운 공화국에서만 개인들은 독립적으로 타인의 의지에 굴종하지 않고 자유롭게 살아갈 수 있다. 따라서 공화국의 토대는 동등한 권리로서 모든 인간은 공평하게 대우받을 권리가 있다는 것이다. 정치적 정의는 모든 시민은 정치에 참여할 권리를 가진다는 것을 의미한다. 이러한 참여를 통해 공공선이 모든 시민에게 진정으로 봉사할 수 있다고 본다.

공화주의적 정의는 정치적 권리를 넘어 모든 시민이 존엄과 자존심을 가지고 살아갈 수 있을 정도의 사회경제적 조건들을 보장해줄 것을 요구한다. 마키아벨리는 어떤 시민도 가난을 이유로 공적인 명예로부터 배제되거나 오명을 받지 않아야 한다고 주장했다. 루소도 공화국에서는 어떤 개인도 자신을 팔아야 할 정도로 가난해서는 안되며 어느 누구도 사적 혜택을 미끼로 다른 시민들의 굴종을 살 정도로 부유해서는 안 된다고 보았다. 이러한 생각이 공화주의적 정의의 토대를 이룬다. 현대적 의미에서 재해석한다면 시민들이 너무 가난해서 공공부문이나 사기업에서 일자리를 구할 수 없게 되거나 교육의 기회조차 가질 수 없게 되는 것을 정부가 적극적으로 막아야 함을 의미한다. 공화주의적 정의에 의하면 시민들은 자신의 존엄을 지킬 수 있는 일자리를 가질 기회를 가져야 한다.

국가가 추구하는 공공선은 시민들의 복지이며 이러한 복지는 일자리 기회 제공을 통해 이루어진다. 그래야만 가난에서 벗어난 개인들이 독립적 시민으로 자리 잡을 수 있으면 간섭이 배제된 자유를 영위할 수 있기 때문이다.

▌질서 잡힌 사회와 시민적 덕성

일반적으로 자유와 공공선은 갈등(trade off)관계에 있는 것으로 간주된다. 현대의 철학자 롤스(John Rawls)도 규범적인 정의와 개인의 자유가 어떤 조건에서 통일될 수 있는지 고민했다. 그리고 그는 특수한 조건 속에서 우연적으로 이러한 통일이 가능하다고 보았다. 즉 '당위적으로 그래야 하는' 옳은 것(rightness)과 '개인의 만족'이라는 좋은 것(goodness)이 갈등이 아니라 조화되는 사회의 조건을 찾아보고자 했다.

이러한 개인과 공동체의 이익이 조화되는 사회를 공화주의자들 역시 고민했다. 프랑스의 대표적인 공화주의자였던 루소는 이러한 사회를 질서 잡힌 사회(well-ordered society)라고 표현했다. 마키아벨리는 질서 잡힌 공화국에서는 시민의 덕성이 살아 있으며 공적 영역은 부유하게 시민들은 절제된 생계를 유지할 수 있는 정도의 사회라고 보았다. 이러한 질서 잡힌 사회는 루소 이후 현대 철학에 이르기까지 자유와 평등이 조화되는 사회로 탐색되었다. 대표적인 학자가 롤스였다. 롤스는 질서 잡힌 사회에서는 정의감(옳음)이 선(좋음)으로 일치한다고 보았다. 이 사회는 그 성원들의 선을 증진시켜줄 뿐 아니라 공공적 정의관에 의해 효율적으로 규제되는 사회이다. 질서 잡힌 사회는 구성원의 선을 증진하기 위해 세워지고 공공적인 정의관에 의해 규제되는 사회라고 규정된다. 이 사회는 모든 사람이 타인들도 동일한 정의의 원칙을 받아들이리라는 것을 인정하고 알고 있는 사회요, 사회의 기본적인 제도들이 그러한 원칙을 만족시키고 있으며 또한 만족시킨다는 것이 알려진 사회이다. 각자 서로 다른 목적과 의도를 가진 개인들 간에 공유되는 정의관은 동료 시민으로서 유대를 공고히 해주며 정의에 대한 일반적 욕구가 다른 목적의 추구에 한계를 정해준다. 롤스는 이러한 공공적 정의관이 질서 잡힌 사회의 기본적 헌장을 구성하는 것으로 생각했다.

개인의 욕망과 사회의 공공성이 일치할 수 있는 사회를 질서 잡힌 사회로 철학적으로 설명하고 있지만 이들이 말하는 질서 잡힌 사회를 역사적 관점에서 해석해볼 수 있다. 공화주의자들은 그들의 정치적 이상이 가장 잘 발현된 대표적 시기를 언제나 머릿속에서 상상하고 있다. 우선 폴리비우스가 말한 제정 이전의 로마이고, 14세기 이후 몇 세기 동안의 베네치아이며 독립혁명을 전후한 건국기의 미국이다. 그리고 이 시기의 또 다른 특징은 윤리와 시민적 덕성이 강조되었던 시대라는 점이다. 제정 이전의 로마 시대는 스토아 철학의 영향으로 금욕적 윤리가 자리 잡았던 시기이며, 건국기의 미국은 청교도적 시민윤리가 강건했던 사회이다. 질서 잡힌 사회의 시민적 덕성이 강조되었던 것이다. 이러한 시기들이 공화주의적 이상에 근접하는 질서 잡힌 사회로 추상화되었다. 개인과 공동체, 자유와 공공선이 조화로운 사회가 바로 공화주의자들이 이상으로 삼았던 질서 잡힌 사회인 것이다.

4

베네치아 공화주의

▌ 왜 베네치아인가?

　한국형 공화주의를 연구하는 데 가장 중요한 국가는 베네치아이
다. 이는 베네치아의 공화주의적 국정운영이 민주화 이후 한국의 국
정운영의 모델을 찾는 데 갖는 함의가 가장 풍부하기 때문이다. 공화
주의 연구에서 베네치아에 가장 주목하는 이유는 성공적인 국정운영
뿐만 아니라 정치경제적 조건이 한국 상황에 많은 시사를 주기 때문
이다.

　베네치아가 다른 성공적인 공화주의 국가보다 눈길을 더 끄는 이
유는 사회경제적 조건이 농업국가가 아니라 통상국가였다는 점이다.
다른 공화주의 국가들은 전통적인 농업에 기반을 둔 국가들이었다.
다른 공화주의의 가장 중요한 토대가 되는 독립적 자유시민들이 자
영농민이었던 데 반해 베네치아 공화주의의 기반은 독립적인 상인과

수공업자들이었다. 로마의 공화정은 독립적 자영농민을 기반으로 하고 있었다. 이들은 경제적으로는 자영농민이었고 군사적으로는 스스로 무장한 군인이었으며 정치적으로는 참정권을 가진 시민이었다. 이들의 특성은 농민의 일반적인 보수성과 폐쇄성을 동시에 가지고 있었다. 시민 혁명 이후의 영국이나 미국의 공화주의자들도 그들 사회의 독립적 자유시민을 자영농민에서 찾는 경향이 뚜렷하다. 특히 미국의 경우 토지를 가진 지주와 자영농민을 바탕으로 한 공화주의 정치를 선호했다. 이는 미국 공화주의의 꽃이 산업혁명 이전 시기에 국한되고 있는 데서도 그 특성이 잘 드러나고 있다.

반면 베네치아는 도시의 생성에서부터 농업이 아니라 통상과 수공업에서 그들의 경제적 젖줄을 찾았다. 초기에는 어업과 소금 생산이 주요산업이었지만 이미 12세기 이전에 통상과 수공업이 산업의 근간을 이루었다. 베네치아 공화정의 기반이 되는 자유로운 시민은 상인이면서 선원이고 또한 베네치아 해군의 무력을 담당하는 군인이었다. 이들은 지중해 무역에서 동으로는 소아시아, 남으로는 이집트의 알렉산드리아, 북으로는 흑해로, 서로는 스페인의 지브롤터를 지나 영국까지 통상의 대혈관을 직접 맡아 무역과 통상으로 국부를 증진시켰다.

베네치아는 인구 15만에서 20만에 불과한 도시국가였다. 베네치아는 천 년의 존속기간 동안 주변의 강대국 사이에 도시의 생존과 번영을 도모해야 하는 고단한 숙명을 타고난 작은 도시 공화국이었다. 국내적으로는 로마 교황청이라는 절대적 권위와 끊임없이 이탈리아

내정을 간섭하며 베네치아에게 위협이 되었던 독일의 신성로마제국과 신생 강국 프랑스에 둘러싸여 있었다. 같은 도시국가였던 제네바와 피사와도 숙명적 경쟁을 해야 했다. 더 위협적인 사실은 동로마제국이 레반트라는 동쪽 바다와 동방에서 절대강자로 군림하고 있었다. 오스만 투르크나 이집트 왕조 역시 베네치아에 비해 정치군사적으로 베네치아보다 우위에 있었다.

베네치아는 이러한 삶의 조건을 역이용하여 그들의 약점을 최고의 강점으로 전환시킨 국가였다. 그리고 지속 가능한 번영을 천 년 동안 공화정의 형태로 이어갔다. 정치적으로는 특정한 가문이나 개인의 지배가 아니라 원수와 귀족과 시민이 함께 통치하는 혼합정체로서 공화주의 정체를 유지했고, 경제적으로 독립적인 상인들과 수공업자들이 자유를 유지하면서 경제적 번영을 구가하도록 경제정책과 사회정책을 추진해나갔다. 이들이 공화정을 유지하기 위해 쏟은 지혜와 노력은 후세 공화주의 연구자들에게 가장 위대한 귀감이 되었다. 특정 세력에 의한 권력의 독점을 철저히 경계하면서도 자유시민들에게 경제적 기회를 제공하고 공동체에 참여할 수 있도록 배려했다. 공동체의 일원으로서 귀족들은 공공선을 위한 절제와 헌신을 모범적으로 보여주었다. 국정운영을 시장에만 맡기지도, 국가권력에만 맡기지도 않고 시장과 국가의 긴장관계를 형성하여 시장과 국가의 관계 설정과 정책 수행이 자유시민들의 경제적 번영에 어떻게 기여할 수 있는지 전범을 보여주었다고 할 수 있다.

민주화 20년 이후 한국이 처한 조건 역시 13세기 후반의 베네치아와 크게 다르지 않다. 지금껏 번영했던 공화주의 정체 중에서 현재의 우리 사회와 가장 유사한 삶의 조건을 가진 것은 베네치아를 제외하고 달리 발견할 수 없다. 우리에게도 민주화 이후 지속 가능하고 성공적인 국정운영의 문제와 세계화에 따른 통상과 해외투자와 해외투자유치의 문제 그리고 전통적 4강 속에서 국가의 존속과 애국의 문제, 세계화에 따른 양극화를 해소하고 국민통합적 정책의 문제가 가로놓여 있다.

베네치아는 이 두 가지 문제를 공화국의 생존 기간 내내 운명적으로 안고 살아갔다. 공화정치와 통상경제, 법의 공정과 국가에 대한 헌신으로 이 두 가지 문제를 극복했다. 좀 더 압축적으로 말한다면 공화제적 정체와 통상국가로 특징짓는 베네치아 모델은 21세기 민주화 이후 시대와 세계화 시대의 대한민국의 국정운영 모델로 가장 많은 함의를 던져준다.

▌ 자유시민 로마노 마일라노

민주화 이후 한국 정치경제적 미래의 모델을 베네치아에서 찾아보곤 하지만 이 공화주의가 궁극적으로 추구한 것은 거대한 정치나 경제 얘기가 아니라 이 공화정에서 살아간 평범한 자유시민의 행복일 것이다. 공화주의가 지향하는 바는 궁극적으로는 그 공동체 구성원인 평범한 시민의 정치적 자유와 경제적 독립에 얼마나 기여하느냐에 있다. 그리고 특정한 공화정체는 표준적인 한 시민이 그 공동체에서 연대와 일체감을 느끼고 행복한 일생을 살았느냐에 의해 평가받아야 할 것이다.

공화주의에서 가장 중요하게 간주하는 것이 그 공동체(commune)의 구성원이 어떤 삶을 영위했느냐이다. 여기서 베네치아의 표준적인 시민인 로마노 마일라노(Romano Mairano)의 삶을 예로 들어보자. 공화정과 통상국가에서 그는 일생동안 공화정의 초석인 독립적인 자유시민이었다. 그는 선원이었으며 상인이었고 또한 투자자였다. 이 베네치아의 표준적인 평민은 시오노 나나미의 베네치아공화국에 관한 소설인 『바다의 도시 이야기』에 등장하며 그보다 먼저 베네치아 연구의 세계적 권위자인 존스 홉킨스 대학의 레인(Frederic C. Lane) 교수의 『베니스, 바다 공화국(Venice, A Maritime Republic)』에 등장한다. 그는 가난한 환경에서 시작했고 아내의 결혼지참금도 변변하지 못했다. 그렇지만 적은 자본밖에 갖지 못한 그도 베네치아의 제도 덕분에 금융을 활용하고 국가가 제공하는 기회를 적절히 포착하여 은퇴할 70세 즈음에는 상당한 재산을 모으게 된다.

1155년, 나이 25세 전후에 마일라노는 콘스탄티노플로 가는 배의 선원이 되었다. 그러나 그는 단순히 선원에 머무는 것이 아니라 자신이 이용 가능한 금융을 활용하여 해상융자와 신용조합인 콜레간자(Colleganza)에서 융자를 받아 콘스탄티노플로 배를 타고 가서 목재를 구입했다. 베네치아의 제도는 저소득층 시민이 단순히 고용되는 형태에 머물지 않고 재산을 축적할 기회를 제공했다. 그는 일생 동안 근면과 제도의 도움으로 부를 축적할 수 있었다.

그가 첫 번째 항해에서 다룬 품목은 목재였다. 그는 콘스탄티노플에서 목재를 팔고 그 이익으로 융자받았던 돈을 갚는다. 다음 해에 그는 스미르나(Smyrna)와 알렉산드리아(Alexandria)로 항해하는 배의 선장으로 고용되었다. 이때에도 단순히 선장에 머무는 것이 아니라 동업자들이 하는 방식대로 두 가지 융자제도를 통해 상품을 사들이고 그것을 알렉산드리아에서 팔았다. 더구나 자신이 타는 배에서만 물건을 실은 것이 아니라 융자제도를 통해 비슷한 항로에 있는 다른 배에도 화물을 실어 이익을 남겼다. 이는 위험분산을 중시하는 베네치아 상인들의 일반적 관행이기도 했다. 10년 안에 그는 자신이 대주주로 있는 배의 선장이면서 다른 배의 부분적인 선주였다. 그는 경력이 쌓여감에 따라 신용을 바탕으로 더 많은 돈을 빌릴 수 있었다.

그러나 그의 투자가 언제나 성공한 것만은 아니었다. 1171년에 콘스탄티노플에서 베네치아인을 배척하는 폭동이 일어났다. 베네치아인들이 콘스탄티노플에서 상업을 독점하는 경향이 나타나자 이에 불만을 품은 지역주민들에 의해 황제의 선동으로 불이 붙었다. 거주구는 습격당하고 창고는 불 공격을 받았다. 항구에 정박 중인 베네치아 상선도 폭도들의 습격으로 불탔다. 마일라노가 새로 진수한 큰 배는 마침 그 항구에 있었고 그리스 폭도로부터 도망 온 사람들의 피난처가 되었다. 갑판 위의 상품들을 지키려고 물에 젖은 천으로 덮었으나 모두 허사였다. 이 재앙으로 마일라노는 그 전해에 빌린 돈을 갚는데 12년이나 걸렸다.

그러나 그의 기업가 정신은 이런 경험으로 결코 위축되지 않았다.

그는 다른 동족들처럼 세바스티아노 지아니(Sebastiano Ziani)에게 돈을 빌렸는데 그는 베네치아에서 엄청난 재산가로 유명한 사람이었다. 이러한 대출은 1171년 사건으로 타격을 받은 중소상인들을 다시 일어서게 하기 위해 이 시기에 큰 부자들이 실시한 구제책으로 보인다. 베네치아 상류층은 공공선이나 시민들의 보호에 익숙한 전통을 갖고 있었다. 1171~1172년에 있었던 베네치아와 비잔틴 간의 분쟁 이후 지아니는 원수가 되었고 베네치아의 번영과 위신을 복원하는 일에 지도력을 발휘했다. 그동안 그의 아들은 아버지 대신 가문의 재산을 관리하는 일을 맡았다.

마일라노는 자신의 배를 가진 경험 많은 선장이었고 대출을 갚을 수 있을 만큼 유능하다는 평판을 듣고 있었다. 지아니는 마일라노가 알렉산드리아로 목재를 나르는 항해에 재원을 융자했고, 마일라노는 알렉산드리아에서 지아니의 대리인에게 후추로 출자금을 상환했다. 마일라노는 이에 용기를 얻어 북아프리카를 따라 서쪽으로 향하는 새로운 항로에 대한 사업을 계획했다. 그는 이 항해를 위해 새로 배를 건조하고 이 배를 직접 모는 대신 동업자에게 선장을 맡겼다. 그는 자신이 익숙한 항로였던 시리아, 팔레스타인, 이집트로 항해했다. 1190년 이후 그는 70세에 거의 이르러 더 이상 자신의 배의 선장을 맡지 않았다. 1192년에는 알렉산드리아로 향하는 항해를 아들에게 물려주었다.

상인이면서 여행자이고 선원이면서 투자자인 마일라노는 1200년대를 통해서 베네치아를 비롯한 이탈리아의 해양도시국가 상인들의 전형적인 모습이었다. 청년 시절에 자본이 부족할 때는 융자제도를 이용하여 선원으로 일하면서 투자를 할 수 있는 기회가 있었다. 분쟁이나 천재지변 또는 해적에 의해 몰락했을 때에는 베네치아 공동체의 배려에 의해 패자부활이 가능했다. 베네치아 공화국에서 이는 특별한 경우가 아니라 아주 일반적인 경우에 해당된다. 이 공화국은 그들 정체의 초석이 되었던 공동체 구성원들의 경제적 독립과 자존을 위해 정책적 지원을 아끼지 않았다. 천 년 동안 공화주의 정체를 유지할 수 있었던 가장 중요한 원천은 공화국의 기초였던 자유시민의 보호에 있었다.

▌자유시민들의 주권적 독립국가

자유시민들에게 기회부여와 패자부활이 가능하게 한 공화국의 탄생은 그들의 독특한 역사에서 시작되었다. 그들은 지배계급과 피지배계급의 구분이나 이에 따른 하층시민의 종속성보다는 독립된 공화국의 시민들이 자유롭게 상업에 종사하고 정치에 참여하는 길을 택했다. 초기 베네치아뿐만 아니라 피렌체, 제노바 등 많은 도시국가가 있었다. 그중에서 베네치아는 다른 도시국가에 비해 주권적 독립을 갖고 탄생했다는 강력한 신화를 시민들이 믿고 있었다. 국가주권의 감정은 태생적 독립성과 자치정부의 신화에 의해 강화되었다. 원래 이탈리아 동쪽에 자리 잡은 베네치아는 비잔틴 제국의 영향력 아래에 있었지만 이들은 그 영향력에 종속되기보다는 자생적으로 독립성을 유지하고 있다고 믿었다. 모든 사람과 그룹에 걸친 궁극적 권위로서 국가의 통합이라는 신념은 베네치아를 제노바나 피렌체 같은 다른 도시국가와 현저히 구별 지었다. 후기 중세시대 이탈리아의 다른 도시국가들은 황제나 교황의 이념적 주권을 인식하고 있었지만 베네치아는 그들 정부를 정당화하기 위해 그러한 높은 권위에 의존하려고 하지 않았다. 베네치아인들은 기질적으로 외부의 통제에서 독립적이고 자유로운 사람들로 그들의 의지에 의해 통치되기를 원했다. 14세기 제4차 십자군 원정을 주도하고 비잔틴 제국을 멸망시켰던 베네치아의 지도자 안드레아 단돌로(Andrea Dandolo) 원수(doge)는 그들의 첫 번째 원수가 비잔틴 제국의 관리였고 그들의 나라가 비잔틴 제국의 한 부분으로 창설되었다는 것을 무시했다. 그는 그들의 시작을 독립적인 개인들이 자생적으로 모인 것으로 그려나갔다. 베네치아인들은 697년에 석호 주변에 흩어져 사는 다양한 주거지에서부터 출발하여 그들 자신이 주도권을 형성하여 모였고 귀족과 평민들이 함께 1인의 지도자인 원수를 추대하여 흩어져 있던 부족들을 통합시켰다고 스스로 믿었다.

베네치아의 또 다른 특징은 중세시대였는데도 정교분리의 원칙이 일찍부터 자리 잡아 종교에 의해 국정이 휘청거리지 않게 했다는 점이다. 그들 역시 가톨릭 국가로 4대 복음 성인의 한 명인 성 마르코(Saint Marco)를 수호성인으로 숭배했다. 그러나 가장 중요한 성당이었던 성 마르코 성당조차 성직자에 의해 관리되는 것이 아니라 원수의 개인 성당이었고 관리도 성당운영위원회에 의해 이루어졌다. 당시의 교황조차 '베네치아에서는 내가 제일 중요한 인물이 아니다'라고 고백했다. 그들은 원수의 임명에서 종교적 권위를 빌리는 의식에 익숙해 있는 가톨릭 교도들이었지만 종교가 국정에 간섭하는 것을 처음부터 배제했다. 중세의 종교 문제와 교황의 전횡에서 베네치아는 자유로웠다. 당시의 금서들도 베네치아에서는 누구나 쉽게 구할 수 있었고 교황이나 황제의 탄압을 피해 망명한 피난자들에게 베네치아는 안식의 공간이었다.

베네치아 공화정에서 가장 중요한 국내 문제는 그들이 중세적인 정쟁의 빌미가 되었던 파벌(faction) 문제에서 자유로웠다는 점이다. 베네치아는 파벌에서 자유롭고 모든 시민은 그들 도시의 영광을 위해 함께 일한다는 믿음은 국가의 연대(solidarity of the state)에 기여했다. 16세기경에 다른 도시국가들이 정쟁에 휘말리는 반면 그들의 도시는 정쟁으로부터 안전했을 때 그들의 이러한 믿음은 확고해졌다. 그러나 처음부터 베네치아가 정쟁에서 자유로웠던 것은 아니다. 이는 그들의 부단한 노력의 산물이었다. 베네치아 역시 건국 이후 처음 600년 동안 원수의 선출과 그들 둘러싼 가문 간의 정쟁이 다른 도시에 못지않았다. 원수들은 국내에서는 정쟁을 통해 다른 가문들과 갈등을 유발하고 이웃국가와의 정략결혼을 통해 그들 가문의 지위를 확고히 하려고 했다. 이 와중에 암살과 방화는 다른 이탈리아 도시와 다를 바 없었다. 살인적인 음모로 넘쳐났다. 원수나 유력 가문들은 생존을 위해 외세에 보호를 청하기도 했다. 10세기와 11세기에 유력 가문들 사이에 벌어진 음모와 야심으로 베네치아 역시 시달렸다. 개인적 야심을 국가적 질서에 복종하는 베네치아의 전통은 후대의 많은 찬사를 받지만 이는 타고난 유전적 덕성이 아니라 후천적으로 학습에 의해 획득된 특성이다. 베네치아가 피의 정쟁에서 자유로웠던 것이 아니라 그 정파와 정쟁을 길들여나갔던 것이다.

베네치아 공동체(Venetia Commune)는 독립적 주권, 정교분리, 정파의 배제를 통해 그들 공화국의 안정성과 지속성을 확보해나갔다. 그들은 정치적 권위를 상향식 방법과 하향식 방식을 모두 활용하여 정당성을 부여했다. 베네치아 공화주의에서 민주제적 전통으로 가장 중요한 것은 시민대집회(Great Assembly)에서 종신직 국가원수의 선출과 주요입법을 통과시킨다는 점이다. 마르코 광장에 모인 시민들에 의해 직접 원수가 선택되었다. 다른 한편 이렇게 선출된 원수는 성 마르코 성당에서 종교적 의식을 통해 임명됨으로써 중세적인 하향식 정당성도 동시에 확보했다.

▌ 선출된 종신직 국가원수

베네치아 공화정의 정점에는 종신직 국가원수(Doge)가 있다. 국가원수의 국정운영 방법은 민주화된 국가의 대통령의 국정운영과 유사한 측면이 많다. 민주화된 국가에서 대통령이 여러 가지 제도적인 견제와 제안을 받으면서도 그가 리더십을 발휘할 수 있는 것은 실질적으로 행사할 수 있는 권력보다는 여론을 주도함으로써 국민통합을 이룰 수 있는 민주적 리더십이 있기 때문이다. 권위주의 정부하에서 대통령이 무소불위의 제왕적 권력을 행사한다면 민주정부의 대통령은 여러 가지 제도적인 제약을 받게 된다. 이러한 특징은 공화주의의 견제와 균형이라는 본래의 취지와도 부합한다.

여러 제도적 수단으로 원수의 권력을 제한하는 장치를 만들었더라도 독재로 흐를 가능성이 있는 종신제도를 운영한 것은 베네치아가 그들 스스로와 그들의 제도에 대한 확신이 있었기 때문이다. 베네치아의 국정운영을 중세의 다른 이탈리아 공동체와 비교할 때 가장 현저한 차이는 핵심 집행부의 본질에 있다. 13세기 초반에 제노바, 밀라노, 피렌체와 같은 거의 모든 공동체(Commune)는 행정의 통일성과 공정함을 위해 한 명의 집행관을 두었다. 베네치아의 원수(Doge)처럼 다른 도시의 집행관들도 취임선서를 하고 임기 내내 사법을 관장했다. 그러나 그들은 베네치아의 원수보다 약한 집행부였다. 임기가 1년이거나 수년에 불과했다. 더구나 그들은 언제나 외국인이었고 국내적 영향력이 있는 정치지도자가 아니었다. 다른 이탈리아 공동체들은 불편부당한 집행과 사법을 위해 외국인이 이 직책을 맡는 것이 필요하다고 느꼈다. 그러나 베네치아인들은 스스로와 상대에 대해 더 확신을 갖고 있었다. 서구의 황제에게 복종하지 않으면서 그들은 외국인을 행정수반으로 삼는 것을 배제하는 주권적 독립의 감정을 가지고 있었다. 국가원수들은 정부를 운영하는 독자적 베네치아 방식을 철저하게 경험한 사람들이었고 그 도시의 주도적 인물로 알려진 자들이었다. 그들 속에서 선택되고 그들과 함께 일하는 사람이 원수로 선택되었다. 베네치아와 다른 이탈리아 도시국가의 근본적 차이는 국가에 대한 충성의 연대와 단결의 정도 차이였다. 국가원수는 단결된 충성의 표현이었다.

그러나 베네치아인들은 국가원수의 독단을 용납하지 않았다. 12세기 이전에는 다른 도시국가들처럼 원수 개인의 독단적 국정운영이 허용되기도 했다. 그러나 독단적 국정운영에 따른 폐해와 당파 간 파벌 싸움과 유혈사태가 발생하자 이들은 원수가 독단적 국정운영을 할 수 없도록 보좌관제도를 도입했다. 즉 보좌관의 동의 없이는 원수가 어떤 결정이나 집행도 할 수 없도록 했다. 원래 베네치아는 여섯 개의 지역으로 나누어진 6구제(sestieri)의 행정체계를 가진 도시국가였다. 이 6구제의 각 대표가 원수의 보좌관으로서 국정에 참여하여 원수를 견제함으로써 독단적 국정운영을 하지 못하도록 했다.

그럼 국가원수는 형식적인 존재이냐 하면, 전혀 그렇지 않았다. 전횡을 휘두를 권력은 갖고 있지 않았지만 국가원수로서 상징과 리더십을 발휘하여 사실상 권력을 운영할 수 있었다. 국가원수로서 국회에서 발언하고 법안을 초안할 수 있었고 사실상 통치기구라 할 수 있는 40인 위원회의 의장이었으며 원로원에서 합의를 끌어낼 수도 있었다. 그는 혼자서 전결할 수 있는 권한은 없었지만 공동체를 실질적으로 이끌어가고 국가의 상징적 존재로서 국정의 중심을 형성했다. 이러한 리더십은 공화제 리더십의 장점이기도 하다. 군주제 국가의 독단적 국정운영과 달리 공화제에서 각 계층의 합의를 끌어내어 민주적으로 국정운영을 할 수 있음을 보여준 귀중한 역사적 선례이다. 엔리코 단돌로(Enrico Dandolo)는 제4차 십자군 전쟁 당시 국가원수로서 콘스탄티노플 함락을 선두에서 지휘했다. 베네치아의 원수가 위원회의 의견에 반대하여 갈 수는 없지만 군주와 같은 강력한 통치를 할 수 있음을 보여주었고 특히 개인적으로 해군 함대에서 명령을 내리고 전쟁에서 승리를 이끌어낼 수 있음을 보여주었다. 엔리코 단돌로의 리더십은 군사적인 측면뿐만 아니라 경제적인 측면에서도 볼 수 있다. 그는 베네치아의 유명한 주조화폐로 전 유럽에 걸쳐 통용된 은화인 그로소(grosso)를 주조했다. 그는 이를 통해 동방에서 오는 수입품과 물자에 대한 결제수단을 창조했다. 이 주화는 베네치아에 명성과 매력적인 사업을 더했다.

국가원수가 비록 독단적 권력행사를 할 수 없도록 여러 가지 공화제적 견제 장치가 있지만 그의 리더십과 국정운영 능력에 따라 상당히 자율적 의사결정을 할 수 있었다. 그리고 전쟁과 같은 위기상황에서도 충분한 리더십을 발휘하고 경제 분야의 새로운 개혁도 가능했다. 우리 현실에서는 민주화 이후 대통령의 리더십에서 분권이 일어남에 따라 제왕제적 대통령의 시대는 지나갔다. 이러한 현상에 대해 일부에서는 우려를 제기하기도 한다. 국정의 중심축으로서 대통령의 권력 분산이 국정의 비효율과 혼란을 가져왔다는 것이다. 그래서 민주화 이전과 같은 강력한 대통령의 리더십이 필요하다고 주장한다. 그러나 베네치아의 국가원수에서 볼 수 있는 것처럼 공화적으로 분권화된 제도를 통해서도 민주적 합의에 따라 효율적이고 강력한 국정운영이 가능함을 알 수 있다.

▌공화제적 헌법의 틀

　베네치아에서 국가원수가 국정의 중심이고 국가의 상징이었지만 국정운영의 헌법적 틀은 로마 공화정의 전통에 기반을 두고 있었다. 아리스토텔레스가 이상적인 국정운영으로 1인, 소수, 다수의 정치형태인 군주정, 귀족정, 민주정이 공존하는 혼합정체(mikte)를 이상으로 삼았던 것처럼 베네치아 역시 이러한 공화정의 전통을 기반으로 했다. 마키아벨리만큼은 아니지만 이 당시 베네치아 출신으로 역사적으로 평가받는 인물 중에 가스파로 콘타리니(Gasparo Contarini)가 있다. 그는 베네치아 공화정체를 이렇게 표현했다. 다수제는 공화국 국회에, 소수제는 원로원과 10인 위원회로 대표되는 중추그룹에, 군주제는 군주제의 이점을 살리면서 그 결점은 배제한 원수에 각각 구현되어 있으며 이들을 모두 혼합한 형태로 운영되고 있는 것이 베네치아의 공화제라는 것이다. 베네치아의 국정운영은 다수는 다수의 횡포로 흐르지 않고 소수는 소수대로 가진 권리를 남용하지 않으며 원수도 그 지위와 명성을 이용하여 군주제로 몰고 가려는 움직임을 보이지 않았다.

　시름이 깊으면 사색도 깊어지는 것일까? 국정운영에서 행복했던 베네치아는 마키아벨리와 같은 일류 정치사상가를 배출하지 못한다. 가스파로 콘타리니의 저작은 공화주의에 대한 사료쯤으로 평가받는 반면 마키아벨리는 피렌체의 혼돈과 좌절 속에서 고뇌하고 사색으로 정치사상의 최고봉으로 자리를 잡는다. 이 또한 정치사상사의 역설이다. 공화제와 참주제, 그리고 금권정치의 혼돈 속에서 지속 가능한 강력한 국가의 출현과 동시에 공화적 국정운영의 꿈을 가진 마키아벨리의 저작은 피렌체의 정쟁 속에서나 가능한 일이었을까?

베네치아는 일류 정치사상가를 배출하지는 못했다. 그러나 일류 국정운영의 틀을 만들고 천 년 동안 기본적인 틀에서 변함이 없었다. 천 년 동안 베네치아에서는 그들 정체에 대한 근본적 회의를 가진 사람이 출현하지 않았다. 그만큼 베네치아 헌정질서는 튼실한 안정감을 갖고 있었다.

피라미드를 형성한 정부의 중심 조직은 맨 아래에 시민대집회(General Assembly)가 있었고 가장 정점에 원수(Doge)가 있다. 그 사이에 차례로 국회(Great Council), 40인 위원회와 원로원(Forty and Senate), 내각위원회(Ducal Council)가 있다. 베네치아인들은 개인적인 권력을 불신했기 때문에 위원회(committees and councils)에 의존했다. 사법제도에서조차 판결은 개별 판사에 의해서가 아니라 합의제형 결정으로 이루어졌다. 각 위원회는 법의 지배(rule of law)가 이루어질 수 있도록 하기 위해 다른 몇몇 위원회로부터 견제를 받도록 했다. 이는 때때로 집행효율의 대가를 감수하면서도 지켜진 원칙이다.

시민대집회는 1071년 도미니코 셀보(Dominico Selvo) 원수 선출 때처럼 바다 위의 배에서도 이루어지기도 하지만 주로 산 마르코 광장에서 열렸다. 시민대집회는 기본법을 비준하거나 새로운 원수를 선출하는 추천위원회를 박수로 선출할 때 소집되었다. 국회는 절차에서 더 조심스럽게 구성되고 규율되었다. 이것은 13세기에 권력의 중심이었다. 국회는 모든 위정자(magistrates)와 위원회 멤버들을 선출했고 이들의 분쟁을 해결했다. 국회는 법률을 통과시키고 형벌을 선포하고 사면을 실시했다. 내각위원회와 같은 중요한 관직은 300~400명 정도의 국회의원이나 전직 국회의원에서 충원되었다. 대략적으로 말한다면 국회는 베네치아에서 영향력 있는 중요한 사람을 대부분 포함하고 있다고 할 수 있다.

그러나 국회는 잦은 숙의와 토론에는 규모가 너무 컸다. 이러한 기능은 중간 크기의 위원회에 의해 수행되었는데 그중 가장 중요한 것은 40인 위원회(Forty Quarantia)이다. 이 위원회는 최고사법위원회에서 상고심을 담당하고 동시에 금융과 재정에 관련된 국회의 법률안을 준비했다. 나중에 40인 위원회는 원로원(Senate; Consilium Rogatorum 혹은 Consiglio dei Pregadi) 구성원과 상당부분 겹쳤다. 원로원은 처음에 60명으로 구성되었는데 상업과 관련된 포고문을 준비하고 대사를 파견하며 함대를 이동시킬 권한을 갖고 있었다. 40인 위원회와 원로원은 필요한 경우에 공동으로 행동했다. 그러나 13세기에는 40인 위원회가 더 권위 있는 위원회였고 이 위원회의 세 명의 위원장(Capi)은 내각위원회에 참석했다.

가장 상층에는 내각위원회가 자리 잡고 있는데 다른 위원회의 모든 업무를 주도하고 동시에 그들의 결정에 복종할 것을 명할 수 있었다. 1178년 이후 내각위원들은 여섯 명의 원수보좌관으로 구성되었는데 이들은 베네치아 행정조직인 6구제를 각각 대표했다. 이들의 임기는 1년이나 6개월이었고 한번 보좌관이 된 이후에는 2년 동안

보좌관을 할 수 없도록 했다. 이는 특정한 개인이나 정파에 권력이 집중되는 것을 경계하는 공화제의 전통에 기인한 것이다. 이들은 원수가 주재하고 많은 의안에 대해 비토권을 가진 40인 위원회의 세 명의 위원장이 배석하는 회의에 참석했다.

한 명의 원수, 여섯 명의 내각위원회, 세 명의 40인 위원회 위원장으로 구성된 이 열 명이 좁은 의미의 정부(government; Signoria)를 구성했다. 국가원수를 의장으로 하는 이들은 국가위기에 대처하고 법률을 제안하고 관련위원회를 소환하며 다양한 하부 집행인력을 감독하는 책임을 맡았다.

13세기 초에 정부(Signoria)는 함대의 함장을 임명하고 국회에서 위원회와 행정위원회 위원을 추천했다. 나중에 추천기능은 좀 더 세분화된 독립적 추천위원회에 의해 이루어졌고 함대의 함장은 국회에서 선출되었다. 업무량이 증가함에 따라 내각위원회에 의해 수행되었던 많은 기능이 다른 곳에 이양되었지만 통일된 중앙집행기관은 내각위원회에 남아 있었다. 원수가 사망했을 때 여섯 명의 내각위원회는 새로운 원수 선출 절차를 주관하고 그들이 바람직하다고 생각하는 절차상의 개혁을 제안했다. 내각위원회의 연장자는 공화국의 임시 국가원수가 되었고 새롭게 선출된 원수에게 공직의 상징을 이양했다.

내각위원회의 기능은 원수에게 내각의 다수결에 의한 결정이나 국회의 다수 결정을 따르도록 강제하는 것이다. 이러한 기능은 내각위원회의 취임선서에 명시적으로 나와 있다. 원수가 내각위원회의 결정을 따르지 않을 때는 언제든지 그들은 그에게 이를 따르도록 말해야 한다. 원수가 위원회에서 월권할 의도를 보이면 그가 너무 많은 권력을 갖지 않도록 끊임없이 원수에게 반대해야 한다. 그러나 원수가 다수결을 따르는 원칙을 받아들이고 내각의 상시적 반대를 피하는 한 정부의 구조는 원수가 가장 영향력 있는 인물임을 보여주고 있다. 우선 다른 구성원들은 임기가 2개월에 불과하거나 길어도 1년에 지나지 않는다. 1172년에서 1354년까지 원수는 평균 11년에서 12년 정도 공직에 있었다. 원수는 권위를 갖고 있으며 정부(Signoria) · 원로원(Senate) · 국회(Great Council)에서 주도적 위치에 있으며 많은 업무와 국가행사에서 공화국을 대표했다.

베네치아는 그들의 기질에 맞는 공화적 국정운영을 13세기에서 14세기에 완성했다. 공화주의적 전통은 그 정체의 기반을 독립적인 시민들로 삼기 때문에 이들에게 종속적 지위를 강요하는 독재자나 참주 그리고 군주의 출현을 가장 경계했다. 그들은 개별적인 인간의 권력욕에 대해 불신했다. 따라서 개인의 능력이 출중하더라도 특정인에게 권력을 몰아주는 일따위는 하지 않았다. 언제나 견제와 균형으로 시민의 자유를 보호하려고 했다. 베네치아 공화정은 이러한 정신의 산물이었다. 원수의 권한을 제한하고 공직의 임기를 제한하고 위원회들 간에 견제가 가능하게 했다. 다른 한편에서 효율적 집행을 위해 원수에게 권한을 부여하고 40인 위원회나 내각위원회와 같은 집행력이 강한 부서가 공존하게 했다. 그들은 아리스토텔레스 이래 공화적 전통에 가장 충실한 독특한 공화국을 조형해나갔다.

▌파벌에 좌우되지 않는 공동체

공화주의의 기반인 공동체(commune)는 공화정 전체의 이익인 공공선(res publica)을 최우선의 과제로 삼는다. 이 공공선은 공동체 구성원 전체의 이익이면서 개별 구성원의 자유를 보호함을 목표로 하고 있다. 그러나 현실 정치에서는 언제나 원자화된 개인과 전체 공동체 사이에 존재한 부분이익으로서 파벌(faction) 문제가 등장한다. 특히 조직화되고 집중된 파벌의 이익은 때로는 전체의 이익으로 둔갑하여 전제정치로 흐르는 경향이 있다. 공공선으로 포장된 파벌의 이익을 위해 진정한 공공선과 개인의 자유가 억압당하는 일이 발생하는 것이다.

그래서 초기 공화주의자들부터 현대의 공화주의자들까지 파벌을 경계했다. 현대 공화주의의 선구였던 미국 건국의 아버지들도 이 파벌 문제를 미국 헌법 초안에서 심각하게 고민했다. 공공선은 인민의 복지(people's welfare)라고 본 그들은 국가 전체 이익과 개인의 자유를 보호하기 위해서는 파벌을 인정해서는 안 된다는 입장을 견지했다. 특정 파벌의 이익을 대변하는 정당에 대해서도 회의적 시각을 지니고 있었다. 공화주의자들은 특정 파벌이 공공선의 이름으로 전체의 이익으로 위장하는 것을 경계할 뿐 아니라 파벌 간 정쟁이 공화국의 미래를 망친다고 생각했다.

사실 이탈리아의 다른 도시국가의 흥망에는 특정 가문이나 파벌의 권력적 야심이 언제나 문제가 되었다. 끊임없는 정쟁과 피의 숙청이 반복되면서 그들 스스로를 갉아먹어 들어갔다. 오랫동안 동지중해 (Lebante) 무역의 패권을 놓고 베네치아와 다투었던 제노바의 몰락은 외부의 적이 아니라 내부적 정쟁에 의해 스스로 몰락해간 것이었다. 제네바는 베네치아와 4차에 걸친 전쟁을 하면서 베네치아보다 오히려 군사적 우위를 보였다. 그런데 지중해에서 최후의 승자는 제네바가 아니라 정치능력의 우위를 가진 베네치아였다. 1378년에 일어난 제4차 베네치아 - 제노바 전쟁에서 베네치아의 군사력 열세는 확연히 드러났다. 제노바 해군에 의해 베네치아는 항구 안으로 봉쇄당했고 물자가 끊어진 상황에서 최악의 농성전을 해야 했다. 베네치아 시민들은 식량과 물자가 절대적으로 부족한 내핍 생활을 감내해야 했고 식료품은 배급제로 운영되었다. 원래 베네치아는 필수품까지 수입에 의존하지 않을 수 없는 나라였기 때문에 그들이 감당해야 할 고통은 이루 말할 수 없었다. 위기를 극복하기 위해 거국일치의 총동원령이 내려졌다. 베네치아의 일치단결된 끈질긴 저항 덕분에 1381년 8월에 베네치아와 제노바 사이에 강화가 성립되었다.

동지중해 무역과 제해권을 두고 자웅을 겨루던 이 도시국가들의 운명은 그 이후 전혀 다른 길을 가게 된다. 강화조약에 따라 두 도시국가는 전쟁 이전의 상황과 똑같은 상태로 되돌아갔다. 그러나 베네치아가 더욱 굳건하게 공동체를 다져간 데 반해 제네바는 끊임없는 정쟁으로 자멸해갔다. 특히 제네바는 피렌체와 마찬가지로 파벌들의 정쟁에 의해 국정불안이 주기적으로 나타났다. 단테는 그의 조국 피렌체를 괴로움을 견디지 못해 몸의 위치를 자주 바꾸는 환자에 비유했다. 이는 제노바에도 그대로 적용되었다. 강화조약 이후 5년 동안 제노바에서는 국가원수를 열 명이나 바꿀 정도로 정치가 불안했다. 그 후에 프랑스 왕의 지배하에 들어갔고 130년 동안이나 짧은 독립과 프랑스와 밀라노공의 지배를 반복했다. 그 후에는 에스파냐 왕의 보호령이 되어 약 3세기가 지난 후에 이탈리아로 편입되었다.

반면 베네치아는 이 전쟁을 통해 공동체로서 연대감을 굳건히 해나가는 새로운 전기를 마련했다. 전쟁 와중에는 거의 수세적인 공성전을 해야 했고 전장의 대부분은 베네치아 인근이었다. 전쟁 중에 제노바 시민보다 베네치아인들의 고통이 훨씬 컸다. 그러나 제4차 제노바 - 베네치아 전쟁을 통해 베네치아가 얻은 것은 국민 전체의 의견 일치라는 무엇과도 바꿀 수 없는 공통의 역사적 경험이었다. 이것은 전후에 베네치아가 다시 일어나는 데 결정적인 요인이 되었다.

사실 이 전쟁이 끝났을 때 두 나라는 경제적으로도 군사적으로도 완전히 동등한 위치에 있었던 것이다. 다만 베네치아는 제노바에 대해 통치능력에서 우위에 서 있었다. 그 통치능력의 우위는 파벌을 배제하려는 베네치아인들의 부단한 노력 덕분이었다. 레인(Lane)은 "장기간에 걸친 베네치아와 제노바의 대립 끝에 베네치아가 승리한 것은 해군의 힘이라든가 해전의 기술이 아니었다. 베네치아는 1270년 이후에 이런 측면에서 우위에 있지 않았다. 승리를 결정지은 원인은 두 국가의 국정운영의 차이였다. 이 능력에서 베네치아와 제노바는 현격한 차이가 있었다"라고 평가했다. 이탈리아 도시국가 공동체에 암적 존재로 정쟁의 근본적 원인이 되었던 파벌을 베네치아는 그들의 존속기간 내내 경계하고 길들이려고 했다. 그들은 파벌이 그들 공화국의 공동체 유지에 가장 해악적 존재임을 누구보다 잘 알고 있었다.

공동체에서 파벌을 배제하는 통합은 도시국가 안에서 평화를 유지하는 데 아주 중요한 요소이다. 중간계급과 하층계급이 성장하면서 그들의 정치적 요구에 의해 흔들리는 공동체에서 지배계급의 구성원 간 투쟁은 반역자들에게 기회를 부여하는 것이 된다. 베네치아는 주권국가에 단결된 충성의 전통이 강한 비잔틴 제국의 유산을 물려받아 가문의 라이벌들을 더 쉽게 제한할 수 있었다. 이러한 단결은 공화주의의 여러 가지 제도적 장치에 의해 강화되었다. 수많은 관직과 위원회의 자리, 짧은 재임기간, 연임 금지의 원칙이 더 많은 사람에게 기회를 부여함으로써 파벌에 의하지 않고도 많은 사람에게 국정참여의 길을 열었다. 소수가 아닌 다수의 국정참여는 굳이 폐쇄적이고 퇴행적인 파벌에 의지하지 않고도 공동체에 정치적 참여를 가능하게 했다. 이러한 실행은 권력과 명예를 더 넓게 공동체 사람들에게 배분했다. 또한 내각위원회, 중요한 추천위원회, 중요한 행정집행 부서에 특정 가문의 사람이 한 명만 참여할 수 있도록 했다. 특정 가문 사람이 공직 후보로 추천되어 투표에 회부되면 그의 친척들은 모두 기권할 것이 요구되었다.

공동체의 정치 참여에는 선망하는 관직과 기피하는 관직이 동시에 있기 마련이다. 기피하는 관직의 경우 특별한 사유가 없는 한 지명되거나 추천된 사람은 합당한 이유 없이 이를 거부하는 것이 허용되지 않았다. 만약 기피하는 경우, 선망하는 다른 관직에 선출될 기회가 제한되었다.

현대의 파벌주의도 마찬가지이지만 선거만으로 이러한 파벌주의를 막을 수는 없다. 베네치아는 선거 못지않게 후보지명에서도 기회가 동등하게 부여되도록 했다. 오늘날에는 이해되지 않는 제비뽑기와 선거를 반복하는 방식으로 주요 공직자를 선출했다. 이들은 만약 후보 지명에서 가문이나 파벌이 개입할 수 있거나 음모적 협상이 진행될 수 있다면 파벌은 발생할 수밖에 없다고 보았다. 예컨대 유력 가문 몇몇이 담합하여 소위 알짜 관직의 후보를 나눠먹기로 정하고 입후보 단계에서 입김을 행사한다면 선거 이전에 이미 파벌이 영향을 미칠 수 있다고 보았다. 그래서 현대에는 이해될 수 없을 만큼 제비뽑기와 같은 우연적 요소를 관직 선출에서 곳곳에 만들어놓았다. 파벌들에 의한 사전 담합을 원천봉쇄하려고 한 것이다. 이러한 경우에 크게 문제가 되지 않는 것은 선출되는 사람들이 오랜 기간 정치적으로 훈련된 사람들 속에서 나오고 몇 차례 추천과 선거를 반복하면서 부적격자를 걸러냈기 때문이다.

▌덕과 부패의 쌍곡선

공화주의자들이 파벌을 경계하는 가장 중요한 원인은 피의 정쟁과 함께 관직을 활용한 독직을 통해 부패를 조장하기 때문이다. 그리고 이 부패를 경계하는 가치로서 덕(virture)을 강조한다. 덕과 부패는 어느 시대 공화주의자들에게나 중요한 관심사였다. 청교도 혁명과 명예혁명 이후 영국 사회의 정치담론 역시 '덕과 부패'의 구도였다. 이는 독립혁명기의 미국이나 14세기 이후 베네치아에서도 마찬가지였다.

이상적인 공화주의 정부에서 성인 남자는 평화를 교섭하고 지혜로운 법률을 제안함으로써 공동체 전체에 봉사하기 때문에 높은 관직에 선출된다. 부패(corruption)는 마키아벨리가 메디치가(家)의 통치를 받는 피렌체의 분석에서 강조했듯이 권력자들(power men)에게서 발생한다. 이들은 조세와 관련되었거나 정부 관직의 배분에서 그들 지지자들의 사적 이익에 특별한 봉사를 하는 사람들이다. 베네치아인들도 이런 부패에서 면역된 것은 아니었다. 반대로 부패는 싫든 좋든 끊임없이 나타났고 공화주의적 이상에 요구되는 덕을 위협했다. 그들의 강점은 부단한 노력을 통해 이러한 부패를 길들이려고 노력했다는 점이다.

베네치아인들이 국가원수를 단지 공동체의 위정자(magistrate of the Commune)로 한정하려고 제안을 하는 몇 세기 동안 그들은 정치적 자유의 이상으로 명확한 형태를 갖고 있었다. 이러한 이상은 중세 후반의 이탈리아 다른 도시국가도 갖고 있는 것이었다. 개인적 권력에 대한 불신은 짧은 공직 기간, 재선에 대한 제한, 권력의 위임을 개인이 아닌 위원회에 맡긴 점으로 제도화되어 나타났다. 16세기에 강력한 군주제와 갈등은 군사, 외교, 금융에서 공화제적 제도와 이상이 유지되기 어렵게 만들었다. 거의 모든 지역에서 공동체에 의해 도출되고 시민적 인문주의자(civic humanists)에 의해 고양되었던 공화주의적 원칙(publican principles)은 이론에서는 남아 있더라도 현실에서는 거의 버려졌다. 베네치아만이 유일하게 공화주의적 제도(republican institutions)를 관철하며 독립적으로 생존했다.

16세기의 정부는 현대국가에 적용되는 기준으로 보면 효율적이지도 않고 세금을 징수하고 규제를 강제하는 데 현대국가와 같은 권력을 갖지도 못했다. 이런 점에서 현대국가에 거의 맞먹는 국가는 베네치아를 제외하면 군주국들이었다. 이 시대를 관찰한 사람들은 베네치아가 공화제를 유지하면서 두각을 나타내고 있다는 사실에 경의를 표했다. 해군과 외교술 덕분에 베네치아는 제국의 면모를 여전히 유지할 수 있었다. 또한 이 도시국가는 많은 정치적 성과와 행정적 성과 때문에 그때나 지금이나 존경을 불러일으킨다. 베네치아 국민들은 상대적으로 이러한 성과 덕분에 굶주리지 않고 잘 먹을 수 있었고 창조적이었다. 그들은 대내적인 평화, 보건과 같은 많은 도시행정 서비스, 그리고 모든 계급에게 공평하므로 높은 명성을 지녔던 사법제도를 향유했다. 베네치아는 뛰어난 외교와 해군으로 유명했는데 그 시대의 가장 큰 기간산업인 국영 조선소에 의해 뒷받침되는 힘을 여전히 유지하고 있었다.

그렇지만 귀족들의 눈에는 이것들이 베네치아의 가장 뛰어난 성취는 아니었다. 가장 중요한 것은 그들 공화국 헌법(republican constitution)의 생명력이었다. 어느 문서에도 적혀 있지 않지만 헌법은 관습과 특별법에 기초한 정치적 행위의 스타일과 전통을 구성한다.

그들은 부패를 최대한 억제하고 시민적 덕성을 고양시키려고 노력했다. 공화주의적 제도들은 부패의 억제와 시민적 덕성의 증진에 맞추어졌다. 이를 통해 부패하지 않고 덕성이 작동되는 공동체를 구현하려고 했다. 이것은 무책임한 개인적 권력에 대한 견제를 포함하고 공동체 시대와 귀족적 원칙 속에서 발전했다. 최고지도부는 통치 그룹 내부에서 탐욕과 야심이 아니라 존경과 신뢰에 의존했다. 평민들 사이에 대중적 인기를 통해 권력을 추구하는 것이나 하층 귀족에게 사적 이익을 제공함으로써 권력을 남용하는 것은 반역 행위로 간주되었다. 공화주의는 덕을 필요로 한다(Republicanism require virtue). 16세기에 이 도시국가의 성공은 의무와 공공복지에 대한 베네치아 귀족들의 헌신(Venetian nobles' devotion to duty and to public welfare)에 기인한다고 평가받고 있다.

현대 민주주의의 이상처럼 베네치아 공화주의의 이상도 실제 정치 현실에서 나타나고 매일매일 공공기관에서 찾을 수 있는 것보다 더 많은 덕을 요구한다. 베네치아 정치제도가 이상화되어 있던 그 시대에 그들은 부패의 징후에 항상 경계했다. 비밀투표와 같이 공화주의를 지키기 위한 많은 탁월한 노력은 부패를 막는 수단으로 거의 완벽하게 작동되었다. 비현실적이지만 버릴 수 없는 이상과 개인적이고 집단적인 이해관계 사이의 대비는 오늘날뿐만 아니라 그때에도 이율배반적인 쌍곡선을 그리고 있다. 흥미로운 것은 베네치아가 천 년 동안 존속할 수 있었던 힘의 원천이 바로 공화주의적 이상에 가깝게 정치를 하려는 지난한 노력 덕분이었다는 점이다.

▌법의 공정

베네치아 공화정이 파벌에 좌우되지 않는 공동체, 부패를 근절하기 위한 덕성의 함양과 노력, 공화주의적 제도들을 통해 궁극적으로 실현하려고 했던 것은 무엇이었을까? 그것은 베네치아 공동체와 그 구성원들이 생존하고 자유를 누리며 번영하는 것이었다. 그리고 그들은 이를 위해 가장 필요한 것이 구성원들 간의 공동체로서 연대의식이며 자유시민의 번영이 공동 번영의 초석임을 누구보다 잘 알고 있었다. 이를 위해 필수적인 것이 바로 '법의 공정'이었다. 달리 표현하면 귀족과 평민, 부자와 빈자 간의 차별을 방지하는 것이다. 이 도시국가는 1인, 소수, 다수의 지배가 공존하는 혼합정부(mixed government)를 이상으로 삼았다. 이 도시공화국의 공화주의 이론가 콘타리니(Contarini)는 이 도시의 위대함을 "그들 조상의 놀라운 덕성과 지혜"에 의한 조화로운 헌법 질서에서 찾았다. 공화정체였지만 사실상 이 나라의 정치를 주도하는 것은 2천 명 정도의 소수에 해당되는 귀족들이었다. 그러나 소수의 귀족들이 권력을 틀어쥐고 있어도 다수 사람들과 시민계급은 반권력의 반기를 들 이유를 갖지 않고 지낼 수 있었다. 법은 누구에게나 평등하게 적용되고 이익의 분배도 공정하다 할 수 있었기 때문이다.

진정한 공화국이 되기 위해서는 정의(justice)를 기반으로 해야 한다. 정의와 법의 지배라는 기초 위에 세워진 공화국은 우정과 연대의식, 그리고 공동체의 소속감을 제공한다. 베네치아에서는 법의 지배와 법의 공정을 통치의 기초로 삼았다. 법의 공정에서 가장 문제가 되는 것은 '법 앞의 평등(isonomia)'이다. 그리고 이 법 앞의 평등은 재판에서의 평등만이 아니라 공동체의 구성원으로 평등하게 대우받을 권리를 의미한다. 시민들이 너무나 가난해서 공공부문이나 사기업에서 일자리를 구할 수 없게 되거나 교육의 기회조차 가질 수 없게 되는 것을 적극적으로 막아야 한다. 공화국은 시민들이 가난 때문에 배제된다는 수치스런 경험을 겪도록 내버려두어서는 안 된다.

베네치아의 위정자들은 개인의 자유를 보장하는 것 못지않게 시민들에게 경제적 기회를 제공하는 것이 시민 개인뿐만 아니라 공동체 전체의 생존과 번영을 위해서도 필수적임을 잘 알고 있었다. 이 도시국가는 자유로운 시민들의 건강과 번영이 공화국의 토대임을 확신하고 있었다. 법의 공정은 형식적인 재판상의 문제에 그치는 것이 아니라 국가의 정책에 그대로 반영되었다. 이 도시국가는 권력적 개인을 불신하여 제도를 견제와 균형의 원리로 운영했지만 따로 사법제도를 독립해두지는 않았다. 원로원을 중심으로 한 집권세력이 재판까지 직접 담당했다. 이 재판에서도 개인의 보호는 단지 형식적인 법 앞의 평등에 그치는 것이 아니라 시민에게 공동체 성원으로서 실질적인 법의 공정을 느낄 수 있도록 배려했다.

예컨대 베네치아 해군의 가장 중요한 수단인 갤리선은 범선과 달리 승무원들이 노를 저어 이동하는 배였다. 이 배에는 주로 하층민이 담당하는 노꾼들이 있었다. 이 노꾼들이 당시의 오리엔트 강국이었던 터키와 확연히 구별되었다. 터키는 노예로 이 배의 동력을 구했지만 베네치아의 갤리선에서는 자유시민들이 노꾼을 담당했다. 그들은 노꾼들의 실질적인 임금보장에 힘썼고 이들은 전시에는 직접 전장에 참가도 하는 군인이었고 시민대집회에서 권리를 행사할 수 있는 시민이었다. 베네치아인들은 귀족과 더불어 이러한 평민들 역시 공동체의 일원으로서 법의 공정을 보장받을 권리가 있다고 믿었다.

베네치아 공화정이 새삼 주목받는 이유 중 하나는 상층계급인 귀족들의 자발성 때문이다. 산업정책과 금융정책에서 중소상인들에 대한 제도적 배려는 하층계층의 권리투쟁의 산물이 아니라 대(大)상인들이 장악한 정부에서 만들어내고 실행한 것이었다. 대상인들도 그들과 공화국의 생존을 위해서는 하층민을 포함한 공동체 구성원 전체의 협력과 조화가 필요함을 잘 알고 있었다. 그래서 이들은 도덕관념 이전에 그들의 연대의식과 이해관계에서 법의 공정이 필수적임을 체득하고 있었다. 실질적 의미의 법의 공정은 정부에 의한 산업정책과 금융정책에서 여실히 드러나고 있다.

▍ 공공성이 강한 적극적 산업정책

정부에 의해 중소상인에게 기회를 부여하고 대상인과 같은 부의 축적이 가능하도록 한 대표적인 제도가 정기 항로인 무다(muda)의 운영이다. 이 항로 운영에서 자본이 적은 중소상인이 직접 투자하여 이윤을 얻기 힘든 국제적 통상분야에서 국가의 배려와 지원에 의해 대상인 못지않은 이윤획득의 기회를 부여했다.

전성기 베네치아의 기간산업은 통상과 금융이었다. 14세기를 전후하여 몇 세기 동안 지중해 무역에서 베네치아는 거의 독보적인 지위를 차지하고 있었다. 이 통상국가는 다른 도시국가였던 제네바와 피사 그리고 아말피와 비교할 때 제도의 운영에서 두드러진 차이를 보여주고 있다. 가장 두드러진 차이는 정기 항로를 규칙적으로 운영하여 상업을 예측할 수 있도록 하여 비용을 줄이고 안정성을 보장했다는 점이다.

통상에서 가장 중요한 것은 불확실성을 줄이고 예측 가능해야 한다는 것이다. 당시와 같이 교통과 통신이 현재와는 비교가 되지 않게 열악한 상황에서는 거래를 예측할 수 있다면 다른 거래에 비해 월등한 안정성과 수익성이 보장되었다. 베네치아 정부는 잘 정비된 항로에 정규적이고 안전한 수송을 공급하는 데 초점을 맞추었다. 몇 가지 유형의 배에 대해 정부는 가야 할 항구를 선택했다. 해마다 정부는 항해 계획을 다시 세웠는데, 이는 정부가 생각하기에 동서 교역에서 베네치아에 가장 이익을 주는 도시와 항로를 선택하는 것이었다.

이 정규적인 계획에서 범선보다는 갤리선이 국유선에 의한 정기 항로인 무다 운영에 이용되었다. 당시에 움직이는 동력에 따라 배를 크게 두 가지 유형으로 나누었다. 돛에 의한 바람의 힘으로 움직이는 범선이 있었고 돛과 노를 동시에 이용하는 갤리선이 있었다. 범선은 바람이 없을 때에는 바람이 불 때까지 무작정 기다릴 수밖에 없었다. 반면 갤리선은 바람이 없을 때는 노를 저어 배를 움직임으로써 항해가 예측 가능하게 했다. 당연히 비용 측면에서 갤리선이 비쌌기 때문에 고급 물품을 운송하는 데 주로 사용되었고 당시 베네치아의 대표적인 무역상품인 향신료가 주종을 이루었다. 반면 범선은 곡물, 소금이나 목재 등을 날랐다.

대형 갤리선은 정규적으로 일정이 잡힌 화물 항로에 따라 운영되었고 가장 가치 있는 화물을 운송했다. 14세기의 처음 몇십 년은 원로원이 항해의 패턴과 관리 방법까지 지시했는데, 이러한 간섭은 이후 200년 동안이나 계속되었다. 이는 통상국가였던 베네치아의 사활적 이해를 가지기 때문에 최고 국정기구인 원로원에서 직접 운영했던 것이다. 그러나 이러한 운영이 현대와 같은 공기업으로 운영되었다는 것은 아니다. 우선 원로원에서 이러한 일을 하는 의원 자신이 40세 이전에는 거의 대부분 바다에서 무역에 직접 참가하고 상사를 운영했거나 해군으로 직접 군대에서 복무한 경험을 가지고 있는 베테랑들이었다.

이러한 항해의 성공에서 결정적 요소는 해적이나 다른 국가의 조직된 다양한 형태의 폭력으로부터 보호를 제공하고 다른 경쟁자들보다 더 낮은 비용으로 배를 이용할 수 있게 함으로써 상업상의 이점을 제공했다는 것이다. 변화하는 관세, 외국 왕족이나 라이벌 도시의 배에 의한 해적의 위험, 이러한 손해를 막기 위해 군인을 승선시키는 데 드는 비용은 상인들이 직접 고려해야 할 비용 상승 요인이다. 이러한 보호 비용은 사업상의 성공에서 가장 중요한 요인이다.

이것은 개인적 비즈니스 관점에서 가변적인 변수이다. 비용은 그가 화물을 싣는 배의 종류에 따라 달리지고 무역하려는 항구와 배의 무장 정도에 따라 달라진다. 일반적으로 경쟁자의 보호비용보다 보호비용을 낮추거나 이점을 얻는 것은 영국이나 네덜란드의 동인도회사의 경우에도 볼 수 있듯이 다수의 협력을 필요로 한다. 베네치아 공동체는 국제 무역에 관련된 상인들에 의해 완전히 지배되었기 때문에 그들은 이러한 목적을 위해 별도의 조직이 필요하지 않았다. 정부가 선단의 호송을 조직하고 해외 베네치아 상인의 보호에 필요한 조치를 취했다. 해외무역을 위해 필요한 계획 기구로는 원로원 산하에 외교업무 담당 위원회가 되었다. 이런 기구의 목적은 베네치아 상인에게 이익이 되는 일을 돕는 것이었다. 이들은 자국 상인의 보호비용을 낮추기 위해 함대와 상업적 특권을 조직했다. 이러한 무역의 결과는 공동체의 세금 수익 증대로 이어졌다.

원로원은 이에 그치지 않고 무역의 보호에서 최신형 배와 새로운 항해기술을 이용했다. 또한 항로를 정기화함으로써 상대적으로 자금 회수가 빠르도록 배려했다. 항로는 동서남북으로 크게 4가지로 대별되었다. 동쪽으로는 시리아 항로로 다마스쿠스까지, 북쪽은 흑해까지 가는 항로이며 남쪽은 알렉산드리아 항로, 서쪽은 플랑드르 항로로 영국까지 뻗쳐 있었다.

이러한 국가의 보호에 의한 정기 항로의 운영은 경쟁적인 다른 도시국가보다 베네치아 상인들에게 예측 가능성과 비용 인하, 그리고 빠른 회수율을 안겨주었다. 이보다도 베네치아가 다른 도시국가보다 정기 항로인 무다의 운영에서 다른 도시국가와 확연히 차이가 나는 점은 중소상인에 대한 배려에 있다. 국유선이기 때문에 수송료를 지불하면 누구든지 짐을 실을 수 있었다. 정권이 안정되고 항해의 안전을 기대할 수 있다고 판단했을 때 정부는 자주 입찰을 통해 개인에게 국유선을 빌려주었지만, 그런 경우에도 낙찰자에게는 수송료의 상한과 하한을 법으로 정해 대상인이 값을 올려 독점하지 못하도록 규정했다.

대상인들은 그들 스스로 자신들이 소유하는 상단을 운영하여 직접 독점무역을 할 수 있었다. 경우에 따라서는 카르텔을 형성하여 특정 품목에서 이득을 남기는 일도 가능했다. 그러나 이런 경우에도 정부는 대상인들에 의한 카르텔을 규제했다. 사실 정부가 갤리선을 경매하는 데 적용한 규제는 독점을 방지하는 많은 조항을 포함했다. 이것은 베네치아 귀족주의 내부의 광범위한 평등주의적 경향(egalitarian tendencies)의 힘을 반영한다. 그들의 목표는 모든 베네치아인에게 동등하게 안전한 수송을 제공하는 것이었다. 정규 항해 스케줄은 개인들에게 예측 가능한 서비스를 제공했다. 이 경우에 항해의 주도권을 가질 수 없고 개인적 자본을 확정할 수 없는 중소상공인들도 대상인과 같은 기회를 가질 수 있었다. 경매 제도는 갤리선 대주주에게 보통의 상인과 동등하게 행동할 것을 의무화했다.

이 제도는 대상인의 독주를 막는 데 큰 구실을 했다. 정부는 해외무역에 참가하고 싶다는 모든 상인에게 기회를 균등하게 제공하려고 했다. 베네치아만큼 중소상인 보호육성에 세심한 배려를 한 나라는 없다. 대기업에 의한 독점은 경제 전체의 경화로 이어지므로 이를 방지하는 데 중소기업의 건전한 활동만큼 효과적인 것이 없음을 알고 있었던 것이다. 이러한 정책을 실제로 행했던 것은 시민이나 중소상인의 직접적인 요구에 의해서가 아니라 대상인 스스로에 의해서 이루어졌던 점이 주목을 끈다. 이는 대상인의 독주를 허용했던 제노바나 피렌체와는 상당한 대조를 이룬다.

그러나 베네치아의 정기 항로인 무다가 국가주관으로 운영되었고 갤리선들이 국유선박이라고 할지라도 지극히 자본주의적 운영방식을 취했다. 우선 갤리선이 국가공무원들에 의해 운영되는 것이 아니라 경매에서 낙찰된 개인을 위해 운영된 점을 들 수 있다. 이는 비슷한 시기에 경쟁자였던 터키나 포르투갈의 운영체제와 근본적 차이를 지니고 있다. 향신료 무역으로 경쟁관계에 있었던 이 국가들에서는 국영기업이 향신료 무역을 독점했다. 이에 따라 여러 가지 국가독점의 폐해와 산업의 경직화 그리고 관료주의와 부패가 만연했다.

또한 베네치아는 개인들에 의한 자유항해(free voyage)가 국가에 의한 수송과 보호(convoys and protection)만큼 성행했다. 정기 항로인 무다는 국가가 관리했지만 정기 항로 이외의 항로는 개인의 주도권에 맡겼다. 신상품이나 신시장의 개발은 거의 이 사람들에 의해 이루어졌다. 이들은 적극적 산업정책으로 국가가 진취적으로 대외무역을 육성했지만 다른 한편에서는 개인의 창조적 활동을 동시에 장려했던 것이다.

▌기회의 창출로서 금융제도

어떤 사회에서나 자본을 갖지 않은 개인이 인생의 기회를 얻기 위해서 필수적인 것은 교육과 숙련의 기회와 금융을 통해 투자 자본을 확보하는 것이다. 특히 노동만이 아니라 자신이 재능과 노력으로 새로운 부를 창출할 기회는 서민금융이 발달한 곳에서만 생길 수 있다. 이런 점에서 베네치아 금융제도는 새로운 출발을 하는 시민들에게 접근 가능한 기회를 제공했다. 근대적인 금융제도가 탄생한 곳이 바로 베네치아이다. 복식부기가 상용화되고 어음제도가 활성화된 곳도 베네치아였다.

그중에서 기회부여와 새로운 부의 창출에 기여한 금융제도가 준파트너십(quasi-partnership)의 일종인 콜레간자(colleganza)이다. 당시 전통적인 베네치아의 이자는 20퍼센트였다. 이는 고리대에 해당하는 이자율로 교회가 이러한 높은 이자율을 금했지만 실질적으로 입법화되지는 않았다. 위험이 높은 해상무역에서 로마법에 알려진 계약하에서 높은 이자가 적용되었다. 선박의 난파, 해적 혹은 적대적 행동으로 대부자가 입는 손실의 위험을 감안할 때 이러한 이자율은 상업적 관행으로 받아들여졌다. 베네치아에서 더 많은 부가 축적되어가자 열성적 투자자들은 더 많은 상업적 위험을 감수하려고 했다. 12세기 후반에 가장 널리 사용된 투자 형태가 콜레간자였다. 콜레간자에 의하면 행상(traveling merchant)은 그에게 제공된 투자에 대해 고정된 비율의 이익을 약속하지는 않았다. 대신 그는 이익의 3/4을 약속했다. 만약 이익이 없다면 본국에 있는 투자자나 대부자는 이익을 얻지 못했다. 얼핏 보면 모든 일을 도맡은 상인이 단지 이익의 1/4만 차지하는 것은 착취로 보인다. 그러나 이 상인은 한 사람에게 투자받는 것이 아니라 몇몇 친구, 친척 그리고 사업협회에서 나온 콜레간자에서 융자를 받는다. 그는 자신의 자본이 없을 때조차도 해외여행이 끝난 후에 여러 몫을 합치면 많은 수익을 갖는다. 이 제도는 자본이 없이 새 출발을 하는 청년들에게 자본을 축적할 수 있는 기회를 제공했을 뿐 아니라 중세 해상무역의 위험을 분산시키는 효과도 있었다. 소액다수로 여러 곳에 투자함으로써 투자자들 역시 위험을 분산시킬 수 있었다.

또한 전쟁이나 해적 그리고 난파로 사업에 실패했을 경우에도 콜레간자는 새로운 패자부활의 기회를 제공했다. 경험 있는 상인에게 베네치아의 대상인들은 기꺼이 또 다시 투자를 했던 것이다. 베네치아의 금융제도는 청년에게는 새로운 기회를, 장년에게는 패자부활의 기회를 부여했다. 그러나 이는 자선의 개념이 아니라 어디까지나 상업적 관점에서 진행된 일이다. 그만큼 당시 베네치아는 동지중해 무역에서 자신감과 무역 인프라를 갖고 있었다.

교육과 금융의 기회부여로 앞서 본 전형적 베네치아인 로마노 마일라노가 있었다. 이 사람은 청년기에 선원으로서 교육과 숙련의 기회를 가졌고 이를 토대로 나중에는 선장을 맡았다. 보통 4년의 숙련기를 거쳐 선장을 맡는 것이 관례였다. 그리고 이 와중에 콜레간자를 통해 투자의 기회를 가졌던 것이다.

마일라노가 평민 출신이었다면 몰락한 하층 귀족 출신인 안드레아 바르바리고(Andrea Barbarigo)는 15세기 베네치아 상인의 전형이었다. 이 몰락한 귀족 자제는 일을 시작할 18세 당시 죽은 아버지가 항해규칙 위반으로 1만 두카토의 벌금을 낸 후 그의 일가는 거의 파산 상태였다. 이 가난한 청년은 좋은 가문의 관계와 어머니로부터 얻은 수백 두카도를 이용하여 무역을 시작했다. 선박의 노꾼으로 수업을 시작해서 상업을 배웠다. 1449년 그가 50세의 나이로 죽을 때 그의 재산은 1만 투카도에서 1만 5,000두카토였는데, 이는 특별한 행운이 있어서가 아니라 당시 상인들의 일반적인 경우에 해당했다.

그가 맨 먼저 착수한 것은 몰락 귀족의 자제들이 주로 하는 갤리 상선의 전문 전투원인 석궁수가 되는 일이었다. 석궁수는 항해술을 배울 수 있었다. 동시에 승무원들은 상품을 휴대하는 것이 허락되었기 때문에 그것을 오리엔트에서 팔고 그 대금으로 상품을 사서 다시 베네치아에 가지고 돌아와 파는 장사 기술을 배울 수 있었다. 그는 선원이었으며 군인이었고 또한 상인이었다. 베네치아의 초석은 이런 자유시민들에 의해 굳어졌다. 마일라노가 지중해 항로를 여행하는 행상(traveling merchant)이었다면 바르바리고는 베네치아 중앙 거리인 리알토(Rialto) 다리 주변에 자리 잡은 거주상(resident merchant)이었다. 그는 각지에 20여 명의 주재원을 두고 대리인 계약을 맺는 방식으로 해외업무를 담당했다. 대금 지불이나 수령은 은행을 통해서 환어음으로 했다. 어음을 조작해서 자본을 보다 유효하게 이용하는 것도 알고 있었다.

베네치아의 견습제도와 금융제도는 공화주의의 기반이 되는 자유시민들이 경제적 자립을 할 수 있는 기회를 만들었다. 자본이 없는 보통 시민들이 항해와 무역에서 견습을 받아 선원으로, 선장으로 성장했고 콜레간자 등의 금융제도를 통해 단지 노동자에 그치는 것이 아니라 투자의 기회를 얻었다. 국가는 보통 시민이 장년기에 접어들면 경제적 안정을 취할 수 있는 토대를 마련했다. 공화주의의 근간은 경제적으로 자립한 자유시민이다. 로마에서는 자영농민이 군인이며 정치적 시민이었던 반면 베네치아에서는 마일라노와 바르바리고 같은 선원이자 군인이며 상인이 자유시민이었다. 이들은 그들 체제의 법의 공정을 믿었고 이를 바탕으로 그들 나라에 대한 무한한 자긍심과 애정을 갖고 있었다.

▌ 국가에 대한 애정

공화주의자의 또 다른 특징은 그들 공동체에 대한 자긍심과 애정이다. 경우에 따라서는 이는 애국으로 통칭된다. 그러나 이들은 국익을 절대가치로 보는 국가주의자나 전체주의자들과 다르다. 이들은 국가주의자들의 추상적 국가와 국익을 좋아하지 않는다. 공동체는 추상적 개념이 아니며 구체적이고 역사적인 개념이다. 그리고 국가나 공동체는 공공선이 개인의 자유와 이익과 일치할 때 국가와 공동체에 대한 애정과 헌신이 생긴다. 공화주의자들은 국익이나 공공선을 위해 개인의 자유와 이익을 희생하는 것을 당연한 것으로 믿지 않는다. 공공선이나 국가의 존재 이유는 궁극적으로 독립적 자유시민의 자유와 삶을 보장하기 위한 것이기 때문이다. 공화주의자는 공공선과 개인의 자유와 이익이 공존할 수 있는 공동체와 국가를 지향한다. 이럴 때 비로소 조국에 대한 사랑이나 애국주의가 가능하다. 이러한 공존의 조건 없는 맹목적 애국을 공화주의자들은 거부한다.

이런 점에서 베네치아는 그들 국가가 자유시민의 이익을 위해 공공선을 추구하고 있다는 믿음을 잃지 않았다. 이는 천 년의 역사 동안 단지 두 번에 불과한 반란의 숫자에서도 알 수 있다. 그리고 천 년의 역사 동안 이 체제에 저항한 혁명 사상가도 나오지 않았다. 그들은 그들 공화국에 대한 자긍심과 신뢰를 갖고 있었던 것이다. 이웃 피렌체에서는 레오나르도 브루니(Leonardo Bruni)같이 그들 공화국에 찬가를 불렀던 사람이 있었던 반면 마키아벨리처럼 자신의 조국에 대한 깊은 좌절과 고뇌를 지닌 사상가도 있었다. 이 도시국가의 대표적 공화주의자였던 가스파로 콘타리니(Gasparo Contalini)는 그들 체제에 대한 무한한 신뢰를 보내고 있다. 그는 아리스토텔레스 이래 공화주의자의 이상이었던 혼합정체(mikte)가 그들의 나라에서 이루어지고 있다고 믿었다.

일반 시민들도 크게 다르지 않았다. 제노바와의 전쟁에서 보여준 그들의 거국일치는 조국애가 없이는 불가능한 일이었다. 이웃의 군주국이나 참주제 국가에서 전쟁은 용병에 의해 이루어지고 일반시민과는 상관없는 군주나 참주의 일로 방관하는 경향이 있었다. 국가는 그들의 나라가 아니라 군주의 나라이기 때문이다. 그들은 스스로의 안위만 보장된다면 누가 지배하든 큰 차이가 없다고 보았다. 그러나 베네치아는 자신들의 공화국과 정부에 대한 확고한 믿음이 있었다. 그들은 공화국을 그들의 국가로 보았다. 공동체의 일원으로 대상인과 귀족들은 위기에서 자신의 재산을 투척할 열린 마음을 갖고 있었고 가난한 시민들은 국가와 유력가문이 제공하는 교육과 금융의 기회로 새로운 부의 축적이 가능했다.

이러한 국가 공동체에 구성원들이 애국을 하는 것은 지극히 당연한 논리적 귀결이다. 베네치아인들은 공화국 탄생에서 사멸까지의 천 년 동안 그들 공화국에 자긍심을 가지고 애국을 자랑스럽게 생각하고 있었다.

5

사회투자적 공화주의

▌개혁의 무능과 보수의 이념과잉

민주화 이후 20년, 한국의 평균적인 국민들이 가장 원하는 정치는 무엇일까? 정치와 국정운영에 대해 어떤 기대를 가지고 있을까? 현재의 개혁정당과 보수정당에 대한 대안 정치세력으로 어떤 것을 기대하고 있을까?

2008년 대한민국에 가장 필요한 것은 '새로운 정치와 새로운 국정운영'이다. 역사에서 융성기를 구가한 나라들은 경제적 성장을 이룬 후에 안정적이고 지속성 있는 정치체제를 만든 나라들이었다. 경제적 성장이 일회적인 것으로 끝나지 않고 오랫동안 존속하기 위해서는 그 나라의 체질과 기질에 맞는 안정적 정치체제를 구축하는 것이 가장 우선적인 과제가 되었다. 경제적 성과가 정치적 안정으로 제도화되어야 지속성을 가진다. 경제가 성장할수록 정치적 이해가 다양해지고 굳건한 정치제도를 고안해내지 못하면 상시적인 분열과 불안으로 쇠퇴의 길로 추락했다.

앞서 살펴본 고전적 공화주의의 전범이었던 베네치아는 경제성장을 안정적 정치개혁을 통해 지속 가능하게 만들었다. 14세기 이전에 베네치아는 조그만 도시국가에서 동지중해 무역으로 경제적인 번영을 구가했다. 이때 베네치아는 또 한번 피렌체나 제노바와는 다른 길을 걷는다. 다른 도시국가들이 파벌에 의한 정쟁으로 정치적 불안이 가중되고 유력 가문이 정국을 주도하여 참주가 출현하게 되었다. 그러나 베네치아는 경제 번영을 뒷받침하는 안정적인 정치체제를 만드는 데 주력한다. 1289년 38살의 나이에 피에트로 그라데니고(Pietro Gradenigo)가 국가원수로 선출되어 14세기의 정치개혁을 주도하게 되었다. 공화정치에 귀족정의 요소가 좀 더 강화된 측면이 있었지만 경제성장에 걸맞은 정치제도의 개혁에 주력했다. 정치를 주도하던 귀족계급의 수를 확대하여 국회 중심의 국정운영의 틀을 마련했다. 경제적인 지대나 특권이 아니라 전문적 정치집단으로서 국회의원 수를 더 많이 확보하여 정치집단의 안정성을 추구했다. 귀족정의 강화에 대한 찬반 양론이 역사학계에서 여전히 존재하지만 당시 베네치아는 그들의 국가에 적합한 정치제도를 만들었다. 10인 위원회를 창설한 것도 이러한 노력의 결과였다. 중요한 것은 그들이 14세기에 제4차 십자군 원정과 그 이후 경제활동에서 축적한 부를 바탕으로 정치개혁에 성공했다는 점이다. 이후 베네치아는 외부의 적과 싸움에서 힘겨운 점은 있었지만 두 번의 사소한 반란을 제외하고는 내부적인 정쟁이나 정국 불안에서 자유롭게 되었다. 적어도 정치가 경제의 발목을 잡는 일은 없었다. 다른 도시국가들이 정쟁으로 몰락해간 것과는 분명한 대조를 이룬다.

민주화 이후 20년, 한국에 필요한 것도 1인당 국민소득 2만 달러의 경제적 성과와 정치적 민주화를 토대로 안정적이고 지속성 있는 국정운영의 새로운 틀을 마련하는 것이다. 지난 20년 동안 5년 단임제 정부들은 정치적 안정을 찾는 데 한계를 보였다. 주기적으로 정국불안이 반복되어 나타나고 있다. 대통령제 국가이면서도 대통령의 장점인 정국의 안정을 살리지 못하고 있다. 현재 국민들이 원하고 있는 것은 정국불안 없는 안정적인 국정운영이다. 시민들은 개혁정당이거나 보수정당이거나 상관없이 민주화 이후의 새로운 국정운영의 틀로 정치적 안정을 원하고 있다. 더 이상 정국불안이 경제성장과 사회정책에 발목을 잡히지 않기를 원하고 있다.

지난 20년간 5년 단임제 정부에서 대통령에 대한 지지율이 정권 후반으로 갈수록 급전직하하는 것은 제도권 정당의 국정운영능력과 국민적 에토스의 간극을 단적으로 보여주고 있다. 개혁정권이거나 보수정권이거나 국민의 지지를 안정적으로 확보하고 있는 정치세력이 존재하지 않는다. 지금까지 등장한 네 번의 정부는 국정불안으로 정권을 마감했다. 그리고 다섯 번째로 등장한 이명박 정부도 새로운 국정운영의 틀을 제시하지 못한다면 이전 정부들과 크게 다르지 않은 길을 가게 될 것이다.

기존의 국정운영에서 가장 근본적인 오류는 국민들이 무엇을 원하는지 제대로 진단해내지 못한 점이다. 한국 국민들의 정치적 에토스에 대한 근본적 성찰의 결여에 국정불안의 근원적 원인이 있다. 잘못된 진단이 잘못된 처방과 잘못된 국정운영을 낳는 것이다. 개혁 정부들은 민주화 이후의 국정운영술(statecraft)을 제시하지 못했다. 1987년 이후 민주주의의 제도화는 이제 더 이상 정치 논쟁의 대상이라기보다는 제도화의 실무적 단계에 진입해 있었다. 민주화의 제도화는 정치의 문제가 아니라 관리의 문제가 된 것이다. 국민들의 정치적 관심은 이미 다른 것으로 진화해 있었다. 개혁 정부는 민주화 이후의 국정운영의 방법을 제시하지 못했다. 민주화는 혁명이 아닌 개혁으로 진행되었기 때문에 정치적 이해를 달리하는 다른 당사자와 협력과 공존을 전제로 한다. 개혁 정부들은 재벌문제, 언론문제, 보수정당과의 원칙 있는 공존과 협력의 기본틀을 제시하지 못했다. 때로는 원색적인 적대감의 표출로 보수세력의 반발을 자초하거나 때로는 무원칙한 타협으로 지지세력으로부터 비난을 자초했다. 그리고 더 중요하게는 자신들의 권력의 기반이 되었던 서민과 중산층에게 새로운 국가운영의 비전을 보여주지 못했다. 한마디로 민주화 이후에 그들이 천착해야 할 국정목표를 제시하지 못한 것이다. 철 지난 낡은 노래로 여전히 옛 추억에 사로잡힌 관성적 국정운영을 하고 있었던 것이다.

보수세력 역시 민주화 이후의 새로운 국정운영에 대해 국민적 에토스에 근거한 국정운영의 틀을 제시하지 못했다. 1990년 이후 한국 보수세력의 가장 큰 특징은 이데올로기적이라는 것이다. 그들은

1980년대에 민주화 세력을 좌파 이데올로기에 매몰된 이념지향적인 정치세력으로 비난했다. 그러나 정작 그들이 1990년대 이후 한국 정치에서 지나치게 이념지향적으로 변해 있었다. 한국 국민의 정치적 에토스에 근거해서 우파적인 정치담론을 생산한 것이 아니라 서구에서 만들어진 신자유주의 이데올로기로 무장한 또 하나의 이념 집단으로 진화해나갔다. 보수세력들은 지난 50년간 이념과 이데올로기의 부정적 측면을 부각시켜왔다. 현실에 기반을 두지 않은 정치이념과 이데올로기의 폐해에 대해 그들의 정치자원을 모두 쏟아 부었다. 그런 정치세력이 1990년 이후 현재 또 다른 '이념의 과잉'에 휩싸여 있다.

말로는 '실용'과 실사구시를 주장하지만 근본적인 인식은 신자유주의 이념에 경도되어 있다. 탈규제와 시장만능주의는 논리적 필연성이나 한국 현실의 분석에 근거했다기보다는 미국에서 생산된 정책 아이디어를 우리 현실에 일방적으로 주입하고 있는 것이다. 원래 보수정당들은 이데올로기적이지 않고 현실에 수동적·상황적응적으로 대처해나간다. 원래 이들은 이념에 기반을 둔 정당이 아니라 이해관계에 기반을 둔 정당이다. 이들을 움직이는 힘은 이데올로기가 아니라 이해관계의 조정이고, 이념이 진보정당의 전유물이었다면 이해관계와 기득권익이 보수정당의 힘의 원천이다. 그러나 1980년대 대처와 레이건의 등장으로 보수정당들이 이념화하기 시작했다. 보수정당들이 우파적인 이데올로기로 무장하고 이념논쟁을 시작한 것이다. 1980년대 이후 신자유주의는 보수정당의 이념화로 규정할 수 있다. 이러한 보수정당의 세계사적 변화가 한국 보수정당의 이념화를 추동했다. 그러나 한국 보수정당들에게는 시민들이 탈규제를 원하는지, 혹은 시장과 정부 간의 관계를 어떻게 바라보고 있는지, 혹은 시장과 정부의 관계에서 한국적 정합성은 무엇인지에 대한 진지한 성찰이 없다. 미국 보수파의 정치이념을 그대로 수입하여 정치적 수사(rhetoric)로 활용하고 있는 것이다.

개혁정당은 민주화 이후 담론을 생산하지 못했고, 보수정당은 한국 현실에 유리된 우파적 이데올로기에 포획되어 있다. 어느 정치세력도 한국 국민의 현실적 에토스에 기반을 두고 있지 않다. 그렇기 때문에 어느 세력이 집권을 하더라도 국민적 지지를 안정적으로 유지할 수 있는 정치세력은 현재 존재하지 않는다.

▌한국적 에토스의 양가성

국정운영의 기초가 되는 한국 국민들의 정치적 에토스는 무엇인가? 이는 선거기간, 특히 대통령 선거기간에 가장 극적으로 표출되고 있다. 선거에서 표를 의식한 정당들은 이념에 기대지 않고 실질적인 민심에 기반을 둔 공약과 정책들을 쏟아낸다. 선거기간 동안 나오는 다양한 정책에 대해 우파적인 이데올로그들은 선심성 정책과 파퓰리즘으로 비난하는 경향이 있지만 그 내용은 대부분 실제 한국 국민들이 원하는 정치적 요구이다. 이때 한국 국민이 갖고 있는 정치적 에토스가 가장 정확하게 정당에 의해 반영된다. 각종 여론조사와 인터뷰 방식을 통해 유권자들에게 호소력 있고 득표에 도움이 되는 정책을 지속적으로 개발하기 때문이다. 1997년 대선부터 한국에서도 표적집단면접(focus group interview) 등을 통해 유권자의 의식조사에 의한 정책과 공약이 만들어지고 있다. 정치 공급자에 의한 일방 소통이 아니라 공약과 정책을 만드는 과정에서 유권자들과 소통이 이루어지고 있는 것이다. 이는 개혁정당이나 보수정당이나 마찬가지이다. 선거에서 승리하기 위해 끊임없이 유권자의 욕구와 의식조사에 근거하여 정치적 비전과 공약이 만들어지는 것이다.

자기 정체성이 불명확한 개혁정당이나 이념 편향적인 보수정당도 선거기간 동안은 국민들의 요구에 접근해간다. 정책전문가나 이데올로그가 생산하는 정책이 아닌 실질적인 국민의 요구조사에 근거한 정책이 생산된다. 보수정당은 공약에서 시장주의를 주장하지만 어느 때보다 사회적 약자에 대한 배려와 사회적 형평을 강조한다. 2007년 대선에서 보수정당에 의해 제안된 사회정책은 기존의 개혁정당의 정책보다 훨씬 전향적인 정책이었다.

개혁정당도 그들의 고유한 성장론을 제시하기 위해 부단한 노력을 하는 시기이다. 경제성장과 국제적 투자가 중요한 세계화 시대에 국민경제의 새로운 성장 비전을 제시할 것을 요구받게 된다. 보수정당과 차별화된 성장론 없이 유권자들의 지지를 받을 수 없기 때문이다.

결과적으로 대선의 후반부로 갈수록 정치적 이미지와 상징에서 차이가 있을 수 있어도 개별정책 분야에서는 정당들의 정책에는 급격한 동조화가 일어난다. 이를 정치학자들은 다운스 호텔링(Downs

Hotelling) 모델로 설명하고 있다. 좌파정당과 우파정당이 전통적 지지자를 끌어 모은 후에 중간지대의 득표를 위해 중도적인 정책을 취하는 것으로 이동한다는 견해이다.

그러나 이는 서구의 정치이론을 한국에 그대로 옮겨놓은 정치적 도그마에 불과하다. 이러한 견해는 한국 정치에 대한 착시현상에서 비롯되었다. 서구의 좌우정당들은 정당 정체성(party identity)을 가진 정당들이다. 이 정당들은 그들의 고유한 정책과 이해관계에 기반을 둔 지지자들을 확보하고 있는 정당이다. 그러나 한국에서는 이러한 의미의 정당구조가 형성되어 있지 않다. 개혁정당과 보수정당은 민주화에 의한 역사성에서 비롯된 대립구도일 뿐 정책내용에서 좌우를 나눌 수 없다. 좌우에서 중앙으로 이동하는 것이 아니라 선거기간에 정책을 발굴하고 발견하는 것에 지나지 않는다. 그렇기 때문에 개혁과 보수의 정책 동조화는 정책이 중앙으로 이동한 것이 아니라 다수를 차지하는 중도적 유권자가 원하는 정책을 선거기간을 통해 비로소 발굴하는 것이다. 이렇게 발굴된 정책만이 득표에 영향을 미치고 나머지 관성적인 정책은 선거기간 동안 구색 맞추기에 불과하다.

이때 나타나는 정책이 한국 평균적 유권자들의 에토스이다. 선거를 통해 드러나는 한국의 정치적 에토스는 개혁정당과 보수정당에 상관없이, 그리고 지난 20년간 시기에 상관없이 일관성을 보여주고 있다. 그리고 일관성과 함께 또 다른 특징은 간명함이다. 정책비전이 양가(兩價)적인 특성을 보여주고 있는 것이다. 이는 경제정책에서 성장우선주의를, 사회정책에서 분배우선주의를 동시에 추구하는 것인데, "경제와 교육에서 경쟁을 장려하되, 경쟁 탈락자들에 대한 배려와 패자부활의 기회를 마련하라", "교육에서 부모의 경제력이 아니라 학생의 재능과 노력에 의해 평가를 받아야 한다. 교육의 기회가 부모의 경제력에 의해 대물림되어서는 안 된다" 이 두 가지 명제가 한국의 가장 기본적인 정치적 에토스이다. 이 에토스를 기반으로 한 정치만이 안정적이고 성공적인 국정운영을 할 수 있다. 이것이 한국의 현실에 뿌리를 둔 정치와 국정운영이다.

이러한 에토스는 서구의 근대 정당구도로는 담을 수 없는 양가성(兩價性)을 특징으로 한다. 이러한 에토스는 계급분화가 심화된 사회구조를 기반으로 등장한 서구 근대 정당과는 일정한 차별을 보이고 있다. 근대적인 서구 정당은 노동계급의 이해에 충실한 진보정당과 자본가계급의 이해에 기반을 둔 보수정당으로 대별된다. 이는 민주화와 공화주의 문제를 극복하고 난 후의 계급대립을 중심으로 성립된 정당들이다. 20세기에 첨예한 계급 대립을 보인 서구 정치상황에서 비롯한 정당구도이다. 이러한 정당 구도가 가능한 것은 사회적 계급과 그에 따른 이해관계가 사회적 균열구조로 전제되어 있었기 때문이다. 그러나 한국에서 정치적 균열구조는 이러한 서구의 20세기형 사회경제적 구조에 기초해 있는 것이 아니다. 이러한 균열구조는 정치학자들의 머릿속에만 존재하는 "가상의 현실(hyper-reality)"일 뿐이다.

한국의 정치적 에토스는 근대의 도입기에 있었던 공화주의적 이상과 거의 일치하고 있다. 역사적으로 공화주의에 대해 활발한 논쟁을 한 시기는 산업화 이전시대(pre-industrial age)였다. 근대적 임노동과 자본이 주도하기 이전이었고 시민성을 바탕으로 한 국민국가가 등장 하는 시기였다. 미국의 독립혁명 시기의 공화주의는 산업화 이전의 대표적인 경우이다. 이 시기 공화주의의 이념적 특성은 오늘날 한국 정치의 에토스와 같이 이론적인 양가성에 있다. 자유와 공공선, 개인 과 공동체를 분리되지 않고 하나로 통일적으로 파악한 시기이다. 이 시기 공화주의에는 자유주의와 공동체주의가 공존하고 있었다. 그 리고 이 두 가지 가치가 분리되거나 갈등관계에 있는 것이 아니라 통 일적인 것으로 파악되었다. 공화주의는 자유주의와 공동체주의로 분화되기 이전 단계였다.

근대 초기의 공화주의자들에게 가장 빈번하게 사용된 언어가 자유 (liberty)와 공공선(public good) 그리고 개혁(reform)이었다. 이들에게 자유와 공동선은 대립적인 것이 아니라 통일적이고 공존 가능한 것 으로 이해되었다. 로마 시대 이래 공화주의적 이상에서는 자유와 공 공선의 통일이 당연한 것으로 간주되었다. 그리고 이러한 인식의 토 대 위에서 민주화 이후의 국정운영술로서 공화주의를 도입했다. 이 념적으로는 자유와 공공선이 공존하고 제도적으로 견제와 균형 (check and balance)을 기본으로 하는 국정운영의 틀을 마련했다. 이 는 정치적 사고(political thinking)가 현실 정치에서 얼마나 결정적인 역할을 하는지 명확하게 보여준다. 시민들의 생각 속에서 공유한 공 화주의적 이상을 토론과 논쟁을 통해 합의해내고 생각 그 자체를 현 실의 제도로 만든 것이다. 공화주의적 정책 아이디어(policy idea)가 공화주의적 현실을 만든 것이다.

적어도 지난 20년 동안 일관되게 한국의 대통령 선거 기간에 표출되는 한국의 정치적 에토스는 "공화주의적 양가성"이다. 이 에토스는 "개인과 공동체, 자유와 공공선이 공존하는 국정운영의 새로운 틀을 만들라"는 것이다. 그러나 불행히도 우파적 이데올로기에 편향된 보수정당이나 자기 정체성에 대한 명확한 포지셔닝(positioning)을 못하고 있는 개혁정당은 이러한 에토스를 수용하기에는 역부족이다. 민주화 20년 이후 한국에 필요한 것은 서구인 진보정당이나 보수정당이 아니라 근대의 초기와 같은 공화주의의 이상과 제도를 한국에 변용할 수 있는 정당의 출현이다. 왜냐하면 이것이 한국의 대다수 유권자인 시민들의 요구이기 때문이다. 이러한 현실에 기초하지 않은 정당들은 집권하더라도 국정불안을 반복할 수밖에 없다. 우리의 정치현실과 정당의 지향 사이의 간극을 메울 수 없다면 단테(Dante)가 그의 조국 피렌체를 "괴로움에 견디지 못해서 몸의 위치를 자주 바꾸는 환자"에 비유했듯 민주화 이후의 국정운영은 끊임없는 혼돈으로 좌충우돌할 것이다.

▌ 공화주의적 사회정의

자유와 공공선 그리고 개인과 공동체의 통일은 후기 산업사회에는 불가능한 것인가? 공화주의는 산업화 이전시대(pre-industrial age)에만 가능하고 임노동과 자본으로 계급분화된 현대 사회에서는 전 시대의 유물에 불과한가?

미국의 경우에도 독립혁명기에서 산업화 이전 시기에 공화주의는 미국의 '정신'이자 '영혼'이었다. 로크의 자유주의보다 공화주의가 혁명기에 훨씬 강력하고 광범위한 지지를 얻은 정치사상이었다. 그러나 산업화를 거치면서 자유주의에 자리를 내주고 교육과 문화의 영역으로 스며들어 있다. 정치 전면이 아니라 미국의 역사와 문화 속으로 내면화되어갔다. 공화주의는 정치영역에서보다는 실생활의 문화와 제도에서 더 잘 발견된다. 시민적 덕성을 강조하는 교육, 동질감을 강조하는 지역공동체 정책에서 내면화된 공화주의를 발견할 수 있다.

정치 이데올로기로 그리고 철학 논쟁으로 공화주의는 산업화 이후 한동안 역사의 전면에서 사라진다. 임노동과 자본의 대립이 본격화되면서 자유주의와 사회주의에 자리를 내주게 된 것이다. 그러나 여전히 이념적 핵심은 그대로 양쪽이 반반씩 전수받았다. 자유주의가 개인과 자유를, 사회주의가 공동체와 평등으로 분화되어 치열한 정치적 논쟁을 펼쳤다. 그러나 사회주의적 평등에 거부감을 가진 보수적 공동체주의는 공공선을 위한 또 다른 정치사상으로 공화주의를 해석했다. 자유가 자유주의로 온전히 이전된 것에 비해, 공공선은 진보적인 사회주의적 견해와 보수적 공동체주의적 견해로 분화되었다.

산업화 이후 자유와 공공선은 공화에서 분화되어 독자적인 철학으로 분화되었지만 이를 통일하려는 끊임없는 시도가 있었다. 이 둘은 결국 둘이 아니라 하나의 세계를 설명하는 두 가지 방식에 지나지 않기 때문이다.

롤스(John Rawls)의 사회정의(socila justice)는 이러한 대립의 통일을 시도한 가장 체계화된 이론이다. 그리고 이는 1970년대 수정주의적 견해의 대표적인 학설이 되었으며 산업화 이후 공화주의적 이상이 어떻게 진화할 수 있는지 보여주고 있다. 롤스에 의하면 사회정의는 무지의 베일 상태에서 누구나 자신의 이익을 극대화시키는 방식으로 선택하게 되고 이러한 상황인 최소극대화(maximin)가 사회정의의 원리에 부합한다고 보았다. 롤스는 자유와 공공선의 통일에서 사회적 최소한(social minimum) 개념을 도출할 수 있는 근거를 제공했다. 고전적 공화주의를 자유주의와 공동체주의를 모두 포괄하는 것으로 이해할 때 자유와 공동체의 균형점을 찾는 원리를 발견할 수는 없었다. 롤스의 정의관은 자유와 공공선의 접합점을 찾을 수 있는 근거를 제공하고 있다. 현대의 공화주의자는 자유와 공동체의 통일문제에서 롤스의 견해에 경청할 필요가 있을 것이다. 그리고 옳음과 좋음이 통일된 질서 잡힌 사회는 우리가 지향하는 사회의 이상이라고 할 수도 있을 것이다. 개인의 도덕성과 정의감이 사회윤리와 일치되어 개인의 자유가 절제되고 공공선이 발현되는 사회가 바로 질서 잡힌 사회이다.

▌ 공화주의적 인사정책

민주화 이후 한국 정치에 나타난 인사정책을 공화주의적 관점에서 해석하면 어떤 결론에 도달할까? 지난 20년 동안 적어도 인사정책에서는 정당정치의 요소가 강화되어온 것이 사실이다. 특히 참여정부 이후 세칭 '코드인사'는 정당정치의 관점에서 그 원리와 원칙에 충실한 정책이다. 그런데도 참여정부의 코드인사가 보수언론에 의해 지탄의 대상이었던 이유가 무엇인가? 또한 똑같은 논리로 이명박 정부의 인사를 편파인사라고 비난하는 근거는 무엇인가?

정당정치를 근간으로 한다면 코드인사는 정당정치의 원리에서 당연한 것이다. 정치적 이념과 신념을 같이하는 인사로 참모와 내각을 꾸리는 것은 당연하다. 그렇지만 우리나라의 오랜 관행은 지연, 학연, 정치적 성향, 남녀 등 다양한 배경을 고려하는 균형인사를 원하고 있다. 이는 정치적 동질성은 접어두고라도 인사의 기본원칙인 적재적소의 원리에도 맞지 않는다. 가장 탁월한 업무능력을 가진 인물을 발탁해야 하는 인사에 능력 이외의 다양한 고려를 하는 것은 업무의 효율성의 원리에도 맞지 않는다. 그런데도 왜 코드인사를 비판하고 균형인사를 요구하는가?

이를 공화주의적 관점에서 해석한다면 코드인사 혹은 편파인사는 공동체 내부에서 파벌과 정쟁을 격화시키기 때문이다. 공화주의에서 가장 경계하는 것은 정치지도자들의 부패이다. 마키아벨리도 지적했듯이 권력형 부패는 크게 두 가지로 나타난다. 하나는 정부의 조세와 세출에서 일어나고 다른 하나는 정부의 인사에서 나타난다. 16세기 이후 영국의 정치개혁에서도 가장 중요한 대립구도는 "덕과 부패(virtue)"였다. 그만큼 부패는 공화주의에서 경계하는 정치적 악덕이었다. 그 부패의 한가운데 인사정책이 자리 잡고 있다. 정부의 요직을 특정한 정치세력이 장악하게 되면 다른 정치세력이 그에 반발하게 되고 필연적으로 정쟁이 격화되었다. 제노바나 피렌체에서 나타났던 정국불안의 핵심은 바로 인사정책을 둘러싼 부패에서 비롯되었다고 할 수 있다. 베네치아 공화정에서는 이러한 파벌의 등장을 철저히 경계했다. 우선 국가원수에 대해 비토권을 가진 여섯 명의 보좌관들은 베네치아 행정구역이었던 6구제에서 각각 한 명씩 선발되었다. 각 지역에 대한 균형할당이 전제되어 있었던 제도이다. 그리고 그 보좌관은 6개월 혹은 1년 만에 교체됨으로써 장기적인 임명으로 일어나는 부패를 막고 다른 가문들에게도 공직참여의 기회를 보장했다. 특정한 요직에 한 가문의 사람이 후보로 나오면 그 선거에서 그 가문의 사람들은 기권하는 것이 원칙이었다. 이렇게 파벌을 철저히 경계한 이유는 인사정책의 편파성이 공동체 내부의 파벌을 조성하고 이는 곧 공동체에 해악적인 끊임없는 정쟁을 불러오기 때문이었다.

　우리나라의 인사정책에서 소수자 문제나 할당(quota) 문제는 지역주의와 긴밀한 연관이 있다. 한국은 다행스럽게도 인종문제나 종교문제가 첨예한 나라가 아니다. 행정부에 의해 수용되고 있는 대표관료제(representative bureaucracy) 역시 여성할당제에 국한되어 있는 정도이다. 그러나 전통적으로 지역 간 균형인사는 공동체에 분열을 가져올 만큼 첨예한 쟁점이 되어왔다. 제3공화국 이후 새로운 참모진과 내각 구성에서 지역의 균형문제는 언제나 인사정책의 가장 예민한 국민적 관심을 불러일으켰다. 그래서 언제나 정부인사 정책에서 지역적 고려가 중요한 변수로 작용했다.

이는 현대적인 정당정치의 원리와는 일정하게 배치된다. 정당정치는 정치지도자와 이념적 지향을 같이하는 전문가를 발탁하는 것이 제도적 취지에 부합한다. 그래서 공동체 전체의 이해보다는 지자들에게 보다 유리한 정책을 취하는 것이 책임정치의 원리에 적합 것으로 간주되었다. 이러한 이유 때문에 건국 초기 미국의 공화주의자들은 파벌(faction)이나 정당을 부정적으로 보았다. 부분의 이익이 전체의 이익과 일치하지 않는다고 보았고 정치는 파벌의 이해가 아니라 공동체 전체의 이익과 합치되어야 한다고 보았다.

제3공 이후 한국 정치에서 인사정책의 전통은 정당정치보다는 공화주의적 정치의 원칙에 더 친근하다. 지역주의가 다른 어떤 정치적 균열보다 강하고 특정 지역의 패권은 다른 지역의 소외를 불러오는 것이 상례이다. 그리고 이러한 특정 지역의 패권주의적 인사정책은 또 다른 불만과 정치적 저항을 불러온다. 적어도 정부직과 공공기관의 인사에서는 코드인사보다는 균형인사가 국가 공동체 전체의 안정을 위해 바람직한 인사정책으로 인식되고 있다. 민주화 이후 어느 정부라 할 것 없이 이러한 공화주의적 인사정책의 취지에서 벗어날 때 소외 지역으로부터 치명적인 정치적 저항에 직면하는 것이 한국 정치의 특징이다. 이러한 정치문화는 고전적 공화주의에서 공동체 전체를 위한 인사정책과 파벌과 부패를 방지하려는 정책과 거의 맥락을 같이한다.

민주화 이후 안정적인 국정운영을 위해서는 인사정책은 정당정치의 원리보다는 공화주의적 균형인사정책이 보다 더 현실적이다. 특히 우리나라와 같이 계층 간 균열이 아니라 지역주의적 균열이 구조화된 곳에서는 이러한 균형인사제도가 정쟁과 갈등을 줄이는 가장 근본적인 해결책일 것이다. '인사가 만사'라고 믿는 정치 풍토에서 지역 간 균형인사는 국정 안정에 가장 기본적인 정책이 될 것이다. 이는 한국 정치가 정당정치의 요소보다는 공동체의 안정을 중시하는 공화주의적 토양에 근거해 있음을 방증하는 것이기도 하다. 앞으로 정부들의 성공 여부는 공화주의적 인사정책에서 시작될 것이다.

▌ 공화주의적 당정협의

균형인사를 바탕으로 한 공화주의적 인사정책으로 관직을 임명한 후에 국정운영의 구조적인 틀은 어떻게 잡아야 할까? 이러한 문제 중에 당정협의가 지난 20년간 국정운영에서 가장 주요한 논란거리가 되어왔다. 이는 국정운영의 집권과 분권의 문제이기도 하고 내각제적인 정당정치 중심이냐 아니면 대통령 중심주의에 더 충실하느냐의 문제이기도 하다. 이 논쟁이 가장 크게 부각되었던 것은 참여정부의 당정청분리 원칙이었다.

전통적인 민주주의의 관점에서는 당정협의를 부정적으로 본다. 대통령 중심주의의 운영원리에 맞지 않는 파행적인 제도이며 헌법에도 명시되지 않은 임의적 기구라는 견해이다. 원래 당정협의는 내각제와 친숙한 제도이다. 내각제에서는 다수당의 수장인 수상이 임명한 같은 당 소속 의원이 장관으로 있는 상황에서 내각과 정당이 협의를 거쳐 야당과 교섭을 한다. 야당과의 협상 이전에 다수당과 내각이 의견조율을 미리 하는 것이 당정협의이다. 그러나 이러한 당정협의는 한국에서 민주화 이전 시기에 야당을 국정에서 소외시키는 부작용을 낳았다. 대통령과 다수당인 여당이 미리 합의하고 난 후에 국회의 상임위원회에서 토론과 의견은 형식적인 것에 지나지 않았다. 정치적 소수의 의견이 배제되는 것이었다. 야당의 참여는 여당의 시혜속에서나 가능했다. 이에 따라 야당은 그들의 의사를 관철하기 위해장외투쟁이나 국회 점거 농성으로 국회법 밖에서 투쟁하는 경향이나타났다.

국회법상으로 대통령제에서 당정협의는 국회상임위원회 중심주의에 위배되는 측면이 있다. 여야 의원이 상임위원회에서 정부를 대상으로 질의하고 토론하도록 하는 것이 국회법의 정신이다. 그런데상임위원회 이전에 당정협의가 이루어지는 것은 이러한 기본정신에서 본다면 국회법의 정신을 위반한 것이 된다. 그래서 이러한 당정협의는 오랫동안 비판을 받아왔고 참여정부에서는 당정분리 원칙을 확인했다. 집권적 국정운영보다는 분권적 국정운영을 천명한 것이다.

문제는 이러한 당정분리가 한국의 책임정치에 잘 부합하느냐이다. 헌법과 국회법에는 내각제적 요소가 많이 수용되어 있고 미국과같은 선거정당이 아니라 원외정당의 요소를 동시에 갖고 있는 우리의 정치체제에서 당정협의를 다시 해석해볼 필요가 있다. 당정분리가 분권적 요소를 강조할 뿐이지 다른 한편에서 강조되는 집권적 요구를 제대로 수용하지 못하고 있다.

베네치아 공화주의에서도 이러한 분권과 집권의 통일문제는 국정운영의 기본적인 문제였다. 더구나 선거에 의해 1년 내외의 짧은 기간 동안 관직에 있으며 다양한 위원회가 있고 국회가 국정에서 중요한 역할을 하는 상황에서 자칫 국정은 효율적으로 운영되지 못할 수 있다. 베네치아는 이러한 분권의 폐단을 막기 위해 사실상의 정부(Signoria)를 별도로 구성했다. 이들은 내각과 국회의 주요 인사들이 동시에 참여하는 열 명의 작은 정부였다. 우선 정부에서는 국가원수(Doge)와 내각위원회의 구성원인 여섯 명의 원수 보좌관(Ducal Councillors)이 참여하고 국회에서는 40인 위원회를 대표하는 세 명의 위원장(Capi)이 참여했다. 내각위원회의 원수보좌관들은 내각의 구성원이기도 하지만 6구제의 각 지역의 대표이기도 했다. 40인 위원회는 원로원의 전·현직 중심인물로 채워져 있어 국회를 대변하고 있으며 그 수장이 세 명의 위원장이었다. 이들은 원수를 의장으로 국가적인 위기에 대응했고 법안을 발의하고 소관위원회를 소환했으며 다양한 하위 위원회들이 제대로 선출되고 있는지, 그들의 의무를 수행하고 있는지 감독했다. 사법부가 별도로 독립되어 있지 않는 상황에서 이 일에 대한 책임도 그들에게 있었다.

공화주의적 관점에서 본다면 분권적인 민주적 제도가 있어야 하지만 이에 못지않게 안정적 국정운영을 위해 집권적 의사결정 기구가 필요함을 알 수 있다. 한국의 정치 현실에서 당정협의는 이와 같은 집권적 국정운영의 필요에 의해 요청되고 있는 것이다. 정부와 정당의 의견을 조율할 수 있는 당정협의가 붕괴되었을 때 이떤 정무적 파행이 일어나는지 참여정부의 경험에서도 잘 드러나고 있다. 당정분리는 민주주의가 강화된 모습이 아니라 정당과 정부가 겉도는 파행을 보여주었다. 그래서 참여정부 후반기 국정에서는 간헐적으로 비공식적인 당정협의가 일어나게 된다.

민주화 이후에 국정에서는 당정협의와 대통령의 정무적 역할이 더 강조된다. 민주화 이후의 안정적 국정운영의 틀을 잡기 위해서는 과거 어느 때보다 대통령은 더 정치적일 것을 요구받고 있기 때문이다. 베네치아에서와 같이 경제적 성장 이후에 정치적 안정화의 과제가 당면한 요구로 등장한다. 대통령의 참모 조직 내부에 정무기능이 강화될 필요가 여기에 있다. 정무기능이 단순히 당정협의의 차원에 머무는 것이 아니라 새로운 국정운영의 기본틀을 모색하는 실질적 기능을 수행해야 하기 때문이다. 산업화와 민주화 이후에 대통령 기능의 탈정치화가 필요한 것이 아니라 어느 때보다 정치적 리더십이 요구되는 것이다. 한국의 국정운영에서는 한동안 정무적 능력이 정부의 능력을 좌우하게 될 것이다. 분출되는 다양한 세력의 갈등을 조정하고 새로운 국정운영의 틀을 창조하는 데 대통령의 정치 리더십과 정무보좌조직의 강화가 요구된다. 민주화 이후 국정운영의 핵심은 탈정치화가 아니라 새로운 국정운영술 창조이다. 민주화 이후 국정운영에서 정치적 기능은 아무리 강조해도 지나치지 않다.

▌ 재벌문제와 사회적 타협

민주화 이후 국정운영에서 꼭 짚고 넘어가야 할 것은 재벌문제에 대한 사회적 합의이다. 재벌에 대한 입장이 진보와 보수 논쟁에서 핵심 사안이고 진보진영 내부에서도 강·온의 양쪽 입장이 존재하고 있다. 보수적인 입장은 현재의 재벌구조를 인정하자는 견해이다. 재벌들이 산업화 과정에서 고도성장의 주역이었고 국민경제에도 긍정적 역할을 하고 있다는 입장이다. 한마디로 친(親)재벌적인 입장이다. 그러나 이러한 견해로는 사회적 합의를 얻기 쉽지 않을 것이다. 긍정적 역할 못지않게 부정적인 측면도 간과할 수 없기 때문이다. 재벌문제를 둘러싸고 사회적 쟁점이 생길 때마다 첨예한 대립이 있지만 해법에 대한 사회적 합의를 찾기는 쉽지 않다.

진보진영 내부에서도 재벌문제에 대해 주주자본주의(shareholder capitalism) 입장과 이해관계자 자본주의(stakeholder capitalism) 입장으로 양분되어 있다. 주주자본주의의 입장은 재벌체제의 지양을 의미하는 것으로 공정한 시장경쟁과 경제 민주주의의 실현을 위해 재벌의 소유구조 해소를 전제로 한 책임전문경영체제를 도입해야 한다는 입장이다. 이는 재벌 해체론과 맞닿아 있다. 더 이상의 현행 재벌구조의 존속은 우리 경제발전의 걸림돌만 될 뿐이라는 관점이다. 특히 재벌의 상속 문제에 대해 편법상속의 부당성에 주목하고 있다.

이해관계자 자본주의의 입장은 재벌의 소유구조를 인정해주고 다른 한편으로 재벌과의 사회적 타협을 통해 여타 이해관계자들, 나아가 국민경제 전체에 기여하도록 해야 한다는 입장이다. 유럽(스웨덴)의 예처럼 독일식 콘체른법을 인정하여 재벌을 인정하되 그에 걸맞은 사회적 책임을 동시에 부여하자는 입장이다. 재벌의 사회적 책임을 전제로 재벌의 지배권을 인정하고 대신 재벌은 사회공헌기금을 출연하거나 일정 수준을 초과하는 이익에 대해 투자적립금을 쌓도록 하는 등 재벌총수의 이익과 주주의 이익뿐만 아니라 사회적 이익을 합치할 수 있는 타협이 필요하다는 입장이다. 국내연기금을 통해 재벌기업의 경영을 감시하는 방법도 있고 낮은 수준으로는 출자총액제한을 풀거나 지주회사 제도의 기준을 완화해주고 대신 재벌의 사회적 책임을 요구하는 것에서 재벌문제의 해법을 시도할 수 있다는 것이다.

재벌문제에 대해 공화주의적 입장에서 해석해보면 이해관계자 자본주의가 현실적인 해법이 될 수 있다. 물론 그 전제에는 재벌기업에 대한 새로운 국민적 신뢰와 합의가 전제되어야 한다. 베네치아 경제의 건강성은 대상인들의 온정주의(paternalism) 태도와 배려에서 출발했다. 베네치아는 피렌체의 메디치가와 같은 대상인의 독주를 막고 중소상인들에게 경제적 기회를 부여하려고 노력했다. 그리고 베네치아 연구자들이 주목하는 것은 이러한 정책이 시민이나 중소상인의 정치적 요구에 의해서가 아니라 정부를 실질적으로 장악하고 있던 대상인들에 의해 자발적으로 이루어졌다는 점이다. 통상산업의 근간이 되었던 국가소유 정기 항로였던 무다(muda)에 중소상인들이 참여할 수 있는 기회를 만들었다.

대상인의 대표적인 온정주의적 태도와 중소상인에게 부여된 패자부활의 예는 국가원수 지아니(Sebastiano Ziani)에서 발견된다. 1171년과 1172년에 베네치아와 비잔틴의 분쟁으로 수많은 베네치아 상인들이 콘스탄티노플에서 상품이 불타거나 몰수당해 투자금을 날리고 빚더미에 앉았다. 당시 미국의 록펠러만큼이나 부자였던 그는 자신이 직접 원수의 임무를 수행하고 그 대리인인 아들을 통해 이 피해자들을 구제했다. 투자금을 잃은 중소상인들에게 지원금을 주고 이들이 이익을 얻었을 때 그 대부금을 회수했다. 대상인들의 온정주의가 중소상인에게 패자부활의 기회를 마련해주었다. 이러한 일은 예외적인 것이 아니라 베네치아의 전통이었다. 위기 시에 대상인들과 정부가 자국민의 보호와 기회부여에 각별한 신경을 썼다.

공화주의는 앞서 살펴본 대로 국가원수인 1인(one), 귀족인 소수(few), 평민인 다수(many)가 공존하는 사회이며 이들 각자가 스스로 공동체(commune)의 일원임을 자각하는 것에서 출발한다. 다수는 다수의 횡포를 부리지 않고 소수는 그들의 권리를 남용하지 않으며 국가원수는 독재의 전횡을 휘두르지 않는 공존에서 출발한다. 그리고 특정 집단에 대해 적대감을 드러내기보다는 서로 다른 집단과의 협력을 모색하는 것이다.

재벌문제 역시 이러한 공화주의적 입장에서 이해관계자 자본주의로 해석할 수 있을 것이다. 재벌이 소수의 권리를 남용하지 않고 다수의 국민이 재벌에게 비이성적인 횡포를 부리지 않을 때 사회적 합의의 공간이 열릴 것이다. 물론 재벌과의 공존의 전제조건으로서 베네치아 공화정의 대상인들과 같은 온정주의와 사회적 배려의 전통이 있어야 할 것이다.

▌ 공공선을 위한 사회정책

위와 같은 공화주의적인 국정운영의 제도가 필요한 이유는 국가가 공공선(res publica)을 실현하기 위해서이다. 현대국가에서 중요한 제도들은 시장과 정부 그리고 가족이다. 이는 현대 사회를 받치는 세 개의 기둥이다. 이 중 사회적으로 중요한 기능을 하는 것은 역시 시장과 정부이다. 공화주의적 이념으로 중요한 개인의 자유와 공동체의 공공선은 그 주요 기능을 각각 시장과 정부에 맡기고 있다. 1980년대 이래로 시장의 기능이 강조되면서 개인의 문제와 자유에서 국가의 역할도 필요하지만 그 자율성은 시장에 맡겨져 있다. 물론 개인의 자유 보호는 정부의 고유한 기능이지만 이는 우선적으로 자유시민들의 자유의지에 의해 결정되는 것으로 간주되고 있다.

이에 비해 시장이 할 수 없는 정부의 고유한 영역은 공공선의 보호이다. 이는 로마 공화정 이래의 국가의 고유 영역이었다. 현대 사회의 사회책임기업에 대한 강조가 있긴 하지만 여전히 공공선의 보호는 국가의 가장 중요한 역할이다. 미국의 독립혁명기의 공화주의자들 역시 국가의 임무는 인민의 복지(people's welfare)라고 단정적으로 말했다. 공화주의자들에게 국가의 가장 중요한 역할은 공공선과 시민의 복지 향상인 것이다.

그런데도 한국에서 어느 정치세력에 의해서든 한 번도 명시적으로 공공선이 국가의 임무로서 천명되고 강조된 적이 없다. 중상주의 정부에서는 국익(national interest)이, 전통적 좌파에 의해서는 계급적 이해관계가, 신자유주의자들에 의해서는 개인의 자유가 강조되었지만 어느 정부나 정치세력에 의해서도 공공선이 가장 중요한 원칙이라고 명문화된 적이 없다. 아직까지 자유와 공공선이 동일하게 중요하다고 강조한 정치세력조차 없다.

현재 한국에서 강조되어야 할 정책의 목표는 공공선이다. 지난 20년 동안 개혁정부와 보수정부 모두에 의해서 신자유주의가 그 이념적 기반이 되어왔다. 공화주의의 다른 한 축인 공공선이 전면적으로 제기된 적이 없었다. 신자유주의에 대한 균형의 관점에서도 이제 공공선이 본격적으로 제기되어야 할 때이다. 현재와 같은 신자유주의의 편향을 극복하기 위해서 공공선과 그것을 기반으로 한 정책이 강조되어야 함은 당위적인 문제가 되고 있다.

공공선의 중심에는 시민들의 복지향상이 있다. 그러나 이 복지는 20세기 초반의 복지국가형 복지와는 차별화된다. 금전급여를 중심으로 한 복지국가의 복지정책은 시민들을 수동적으로 만들고 사회적 배제(social exclusion)를 고착화시킨다. 그리고 복지수혜자들에게 낙인(stigma)을 찍기 때문에 사회적 적응을 더 힘들게 하는 부작용이 있다. 기초적인 생활보장형 복지가 전제되어야 하지만 공화주의적 복지는 결과의 평등이 아니라 기회(opportunity)의 평등을 더 강조한다.

공화주의의 이상은 자유시민들이 경제적 독립을 기초로 하여 시민적 권리를 향유하게 하는 것이다. 이런 과정에서 공화주의적 복지는 시민의 자발성과 적극적 참여 그리고 기회의 보장으로 정의될 수 있을 것이다. 베네치아 공화정에서도 시민의 복지로서 기회의 평등과 참여를 보장하려고 했다. 자유시민은 항해에서는 선원이었으며 통상에서 상인이고 투자자이며 국가안보에서 훌륭한 해군이 되려고 했다. 정부는 이러한 다중적 시민의 자유를 보장하기 위해 기회의 부여에 최우선적 우선순위를 두었다. 그리고 이는 시민의 독립성과 자발성에 기초하고 있다.

현대의 공화주의적 복지 역시 이러한 전통을 이어가고 있다. 현대의 대표적인 공화주의 국가인 아일랜드에서 중도적 공화주의 정당인 피아나 펄(Fianna Fail)은 1980년대 후반 이후 사회투자적인 복지정책을 중점적으로 강조하고 있다. 금전급부식의 복지정책이 아니라 기회를 재분배하는 사회투자형 복지정책을 강조하여 보다 나은 고용기회를 제공하고자 하고 있다. 사회투자정책은 1990년대 이래 영국 노동당에서 강조해온 정책으로 알려져 있다. 그러나 그 이전부터 북구의 사민주의 정당에게는 익히 알려진 정책으로 적극적 사회정책의 일부였다.

문제는 공화주의적 관점에서 중도좌파적인 사회투자정책을 수용할 수 있느냐 하는 점이다. 그러나 사회투자정책이 시민의 적극적 참여와 기회부여로 시민들의 독립성과 자율성을 위한 정책이라는 것을 인정한다면 현대적 공화주의 정책으로 손색이 없을 것이다. 사회투자정책은 좌우의 문제가 아니라 기회의 평등이라는 현대적 사회정책의 보편적 수단이라고 할 수 있을 것이다. 현재 세계적으로 사회투자정책은 좌우의 이념문제가 아니라 중도적 사회정책으로 보편적으로 수용되고 있다. 한국에서도 보수정당, 진보정당을 불문하고 사회투자정책을 강조한다. 따라서 공화주의적 정책으로 사회정책이 수용될 수 있을 것이다.

▌ 투자로서 교육정책

공화주의의 이상이 독립적인 자유시민의 보호와 육성이라고 할 때 지식기반사회에서 이런 정책 목표를 달성하기 위해 정부가 해야 할 가장 중요한 정책이 무엇일까? 이는 시민들이 평생학습을 통해 부가가치를 창출할 수 있는 교육정책이다.

지식경제에서 가장 큰 특징은 고용 불안정이다. 이미 OECD에서는 산업사회에서 1/10의 일자리가 매년 사라질 것으로 전망하고 있다. 지금 취업을 시작한 사람들은 일생 동안 평균 여섯 번 정도 일자리가 바뀔 것으로 예상된다. 미국 노동부에 의하면 오늘날 습득된 기술의 절반이 3년에서 5년 안에 낡은 것이 될 것이라고 한다. 교육과 훈련이 중요해지고 있다. 현대 경제에서 개인 안전은 더 이상 직장에서 나오는 것이 아니라 일생을 통해 지속될 수 있는 기술에서 나온다.

이미 출현해서 진행되고 있는 지식경제에서 기회와 투자는 이에 맞추어 조정되어야 하며 교육과 훈련도 이에 적합한 것이어야 한다. 이런 측면에서 사람에 대한 투자가 중요해진다. 지식기반사회에서 경쟁력은 다른 물질적 기반이나 부존자원이 아니라 인적 자본이다.

세계화 물결 속에서 사람뿐만 아니라 다른 생산요소의 이동이 자유로워지고 있다. 이런 환경에서 경쟁력의 원천은 바로 사람이다. 앞으로 국가가 경쟁력을 확보하는 것은 사람의 경쟁력을 확보하느냐에 달려 있다. 따라서 국가와 사회의 자원배분에서 가장 중요한 것은 사람에 대한 투자이다.

사람에 대한 투자는 우선 태어나서부터 일자리를 갖게 되기까지 교육에 투자되어야 하고 일할 나이가 된 성인에게는 일자리가 보장되어야 한다. 그러나 이 일자리는 국가나 사회에 일방적으로 요구하기보다는 자기 책임하에 독립적으로 이루어지는 것이 바람직하다. 지식기반사회에서 일자리의 유동성이 증가하고 평생직장의 개념이 사라졌기 때문에 기술변화와 사회환경 변화에 적응할 수 있는 평생학습이 중요하게 된다. 평생직장 개념이 사라지면서 보통 개인의 일생에서 주기적으로 실업의 상태가 발생할 수 있다. 이러한 주기적으로 찾아오는 실업에 대한 대비는 사회적 안전망과 함께 실질적인 도움이 되는 평생학습체제와 인적 자본개발이 필수적이다. 인적 자본개발에서 핵심적인 힘은 교육이 되어야 한다. 경제적 효율과 시민적 응집을 촉진할 수 있는 것은 충분한 공적 투자이다.

공화주의가 자유시민의 능력개발을 통해 경제적 독립을 가장 중요하게 여긴다면 지식기반사회에 적용하는 평생학습체제의 구축은 공화주의적 정책의 가장 중요한 근간이다. 사회투자정책에서 가장 중요한 것이 투자로서 교육이며 이는 공화주의의 기초인 자유시민의 능력개발을 위해 필수적인 정책이 된다.

▌ 기회로서 일자리 정책

기술, 생산, 직업 그리고 기업이 모두 빨리 변화하고 있는 세계에서 일자리의 안전(job security)보다는 고용 안전의 원천으로서 고용가능성(employability)이 더 중요하다. 실업이란 "왜 너는 평생 종사할 직장을 잃었느냐의 문제가 아니라 너는 왜 새 직장을 구하지 않느냐"의 문제이다.

지식기반사회에서 완전고용의 개념이 변화했다. 전통적 복지국가 체계에서 완전고용은 남자들에게 전일근무제로 평생고용의 개념이었다. 1990년대 이후에 완전고용은 남녀 모두에게 잦은 직업의 변동을 의미하고 파트타임과 풀타임, 직장에 고용된 경우와 자영업, 고용뿐 아니라 어린이나 노인을 위해 시간을 보내는 일, 더 나은 직장을 위해 교육과 훈련을 받는 경우 모두를 포함하는 개념이다. 40년 전 전형적인 노동자는 산업시설에서 풀타임으로 일하는 남성이었다. 오늘날 전형적인 노동층에서 서비스업에 파트타임으로 일하는 여성의 비중이 증가하고 있다. 일자리의 유형과 종류가 다양해지고 남녀 모두에게 일자리가 필요한 시대가 된 것이다.

공화주의적 관점에서 보면 일자리는 단순히 개인 스스로의 문제만이 아니라 정부의 책임이기도 하다. 일자리는 근본적으로는 개인이 최종 책임을 져야 하지만 직업적 유동성이 증가한 상황에서 이를 전적으로 개인의 책임에만 맡길 수 없다. 베네치아 공화정에서도 정부와 대상인들은 자유시민들의 일자리를 만들기 위해 금융지원과 견습

기회를 보장했다. 자유시민의 독립성을 보장하기 위해서는 실업의 공포로부터의 탈출이 무엇보다 중요하다. 이를 위해서는 교육훈련과 같은 노동의 공급정책만으로는 부족하고 정부의 적극적 산업정책 등 노동의 수요를 진작시키는 정책이 병행되어야 한다. 공화주의적 정부는 일자리 창출이 가장 시급한 정책과제임을 인정하고 노동공급 의제로서 시장의 힘을 인정하는 한편 조세감면 등 우파적인 정책수단을 인정하고 지식기반사회에서 중소기업을 지원하며 이러한 일을 위해 역동적 정부의 역할을 강조한다. 노동수요 측면에서 일자리와 훈련을 제공하는 공화주의적 사회투자정책이 필요하다.

적극적 노동시장 정책 역시 이러한 현실 인식에서 출발한다. 사회적으로 배제되어 빈곤 상태에 있는 실업자들에게 지식기반사회에 적합한 교육과 훈련이 제공되어야 한다. 새로운 노동시장에 적응하기 위해서는 그 노동환경에 맞는 인적 자본이 필요하고 이를 뒷받침하는 재정지출이 있어야 한다.

▌안전으로서 복지정책

전통적 복지정책은 공화주의적 국정운영을 위해 기초적으로 갖추어야 할 사회적 안전망이다. 사회투자정책에서 금전급여 방식이 많은 비판을 받고 있지만 기초생활보장을 위한 전통적 복지정책은 사회투자정책의 전제이다. 이러한 기초적 사회안전망이 갖추어지고 난 후에 비로소 사회투자정책도 의미가 있는 것이다.

공화주의적 관점에서 본 복지정책은 결과의 평등보다 기회의 평등을 실현할 수 있는 정책들을 중시한다. 자유시민들이 그들의 능력을 발휘할 수 있도록 교육과 훈련의 기회를 부여하는 것이 복지정책에서 강조되어야 할 부분이다. 이러한 기회는 적극적 참여가 전제되어야 한다. 일하는 복지(welfare to work)는 이러한 점에서 자유주의적 요소를 가지고 있지만 공화주의적 복지의 근간이 된다.

그러나 간과해서는 안 될 것은 지식기반사회의 복지는 전통적 복지보다 많은 사각지대에 대한 배려를 해야 한다는 점이다. 전통적 복지는 육체노동을 하는 가장을 중심으로 한 금전급여가 주요한 정책 수단이었다. 여기서 여성과 노인, 아동들이 상대적으로 소외되기 쉽다. 특히 전통적 가족이 붕괴되면서 상대적으로 사회적 약자인 이들이 소외되는 경향이 있다. 전통적 가족이 아닌 새로운 유형의 가족에게 적합한 다양한 복지 정책이 제시될 때 안전으로서 복지가 의미를 가질 것이다.

신자유주의자들은 강제보험인 사회보험과 민간보험을 일방적으로 효율성의 관점에서 평가하는 경향이 있다. 그리고 민간보험의 우월성을 강조하면서 사회보험을 축소하거나 폐지하려 한다. 그러나 사회보험이 민간보험으로 전락했을 때 가장 먼저 소외받는 사람들은 사회적 약자이다. 경제적으로 능력이 있는 사람들은 사적 보험에 의지할 수 있으나 사회적 약자들은 민간보험에 보험료를 낼 능력이 안 될 경우 보험의 사각지대에 남게 된다. 사회보험을 도입한 취지가 모든 국민에게 일정 수준 이상의 안전을 보장하려는 것이었다. 이런 점에서 강제보험인 사회보험의 정책적 정당성은 여전히 유효하다.

근대 공화주의자들에게 공공선은 곧 인민의 복지(people's welfare)였다. 공화주의의 이상 속에는 인민의 복지와 사회적 최소한의 보장이 내재되어 있다고 할 수 있다. 복지정책은 행정의 효율화나 능률성이 아니라 인민의 기본적 복지라는 관점에서 정당성을 확인할 수 있다. 이런 점에서 공화주의는 복지정책에 대해 자유주의적 시각보다는 훨씬 고강도의 정책을 요구하는 것이다.

▌책임으로서 지역공동체 정책

공화적 관점에서는 경제적 자본 못지않게 사회적 자본의 중요성을 강조한다. 자유시민이 건강과 안전을 확보하기 위해서는 건강한 지역공동체를 전제로 해야 한다. 사회적 배제는 지역적 배제와 밀접히 연관되어 있다. 가난한 사람들이 모여 사는 슬럼은 그 자체로 주민들에게 사회적 적응력이나 독립성을 떨어뜨린다. 특히 이런 지역에 사는 아동들은 열악한 교육환경과 가정환경으로 교육의 기회를 박탈당하고 사회적 적응력이 현저히 떨어지게 된다.

도시를 6구제로 나누어 공공서비스를 제공한 베네치아에서 특정 지역이 슬럼화되는 일은 없었다. 공동체의 일원으로 어느 지역 출신이든 공화국에 참여하고 경제적 기회를 부여받았다. 지역공동체가 건강해야 국가공동체 전체의 건강이 담보된다. 지역공동체 정책은 공화주의적 관점에 의하면 어느 정책보다 기초적인 정책이다.

수고의 후기

▌ 마키아벨리와 동시대성

기실 이 수고(手稿)를 공개적으로 내놓는다는 게 부끄럽다. 다듬어지지도 않았고 인용과 각주마저 달지 못한 이 수고를 그래도 용감하게 내놓는 것은 지금이 아니면 한동안 책상 속에 묶여 있을 것 같아서이다. 공화주의를 알면 알수록 그 깊은 심연 속으로 빠져든다. '사회투자국가'에 대한 원고를 마친 작년 초반부터 공화주의에 관련된 글들을 본격적으로 보기 시작했다. 베네치아 공화정에 대한 매혹은 2002년 무렵부터였던 것 같다. 도시정책 수업준비를 하다 도시의 역사에 관심을 갖게 되었고 고전적 도시국가들의 정치에 빠져들었다. 그 한가운데 베네치아 공화국이 자리 잡고 있었다. 이 천 년 공화국은 중세와 근대를 잇는 가교였다. 근대적 자본주의의 모태였고 근대 공화정의 원형이었다. 이후에는 이 도시는 유럽 문예부흥의 상징이었다. 당시 유럽의 사교계에 명함이나 내놓음직한 문호와 예술가들은 베네치아를 거치면서 자신의 지적 호기심과 문화적 갈구를 채울 수 있었다.

내가 베네치아에 깊숙이 빠져든 것은 순전히 로마노 마일라노라는 인물 때문이었다. 시오노 나나미의 『바다의 도시 이야기』를 1990년대의 중반에 보게 되었는데, 나를 매혹에 빠지게 한 인물은 엔리코 단돌로 같은 걸출한 국가원수도, 전공이 혁혁한 장군도, 카리스마 넘치는 종교지도자도, 마르코 폴로와 같은 모험가도, 지아니와 같은 대부호도 아니었다. 나와 같은 평범한 장삼이사(張三李四)인 마일라노가 거의 무일푼으로 시작해서 그 나라의 제도 덕분에 교육과 견습을 받고 기회를 포착하여 중견의 단단한 자유민으로 성장해가는 과정이었다. 자신의 노력과 재능을 살려줄 수 있는 사회, 뜻하지 않는 실패에서 다시 일어설 수 있는 패자부활의 기회, 그리고 이런 활동이 가능하도록 한 안정적 정치체제가 그렇게 부러울 수 없었다. 마일라노를 통해 IMF 외환위기 이후 해체되고 있는 한국 중산층의 새로운 미래를 보았다.

도시정책 시간에 베네치아 공화정에 대한 연구를 자청했고 존스홉킨스 대학 레인(Lane) 교수의 『베니스, 바다 공화국(Venice, A Maritime Republic)』을 보고 또 보았다. 그리고 이 작은 도시국가의 역사에서 대한민국의 미래를 찾을 수 있겠다는 가능성을 보았다. 그리고 관심과 전공이 전공인지라 정치와 행정체계에 주목하게 되었다.

공화정에 대한 관심의 외연이 확장되었다. 낱알처럼 흩어져 있던 서구 정치와 역사들이 공화주의라는 씨줄을 통해 하나로 엮어졌다.

조각나 있던 서구사의 파편들이 하나의 거대한 정치역사적 모자이크로 재조합되었다. 한때 경남 마산의 조그만 어촌으로 낙향해서 1여 년 동안 동서양사를 훑어본 적이 있었다. 낮에는 낚시를 다니고 밤에는 동서양 고전을 뒤적였다. 마키아벨리가 피렌체 현실정치에서 고배를 마신 후 시골로 낙향해서 낮에는 저자거리에서 시시껄렁한 잡담을 나누다 밤이면 역사의 향연 속으로 빠져들었듯이 1990년대 중반에 이런 저런 사정으로 조그만 시골에서 역사책 보기를 하며 한 시기를 보냈다. 마키아벨리는 이 낙향의 시기에 이탈리아에서 아직도 교과서에 실려 있다는 명문의 편지를 친구인 프란체스코 베트리에게 보낸다.

식사가 끝나면 다시 선술집으로 돌아가네. 카드와 주사위가 난무하는 동안 무수한 다툼이 벌어지고, 욕설과 폭언이 터져 나오고, 생각할 수 있는 별별 짓궂은 짓은 다 자행되지. 거의 매번 돈을 걸기 때문에 우리가 질러대는 야만스런 목소리가 산 카시아노 마을까지 들릴 정도라네. 밤이 되면 집으로 돌아가서 서재에 들어가는데, 들어가기 전에 흙 같은 것으로 더러워진 평상복을 벗고 관복으로 갈아입네. 예절을 갖춘 복장으로 몸을 정제한 다음, 옛사람들이 있는 옛 궁정에 입궐하지. 그곳에서 나는 그들의 친절한 영접을 받고, 나는 부끄럼 없이 그들과 이야기를 나누고, 그들의 행위에 대한 이유를 물어보곤 하지. 그들도 인간다움을 그대로 드러내고 대답해준다네. 그렇게 보내는 네 시간 동안 나는 전혀 지루함을 느끼지 않네. 모든 고뇌를 잊고, 가난도 두렵지 않게 되

고, 죽음에 대한 공포도 느끼지 않게 되고 말일세. 그들의 세계에 전신

전령(全身全靈)으로 들어가 있기 때문이겠지.

— 시오노 나나미. 나의 친구 마키아벨리. pp.16~18 발췌.

이때의 마키아벨리 심중을 가장 잘 꿰뚫어본 것은 아마도 마키아벨리를 동경하고 흠모하며 피렌체를 찾았던 서구의 어느 지식인이나 혁명가가 아니라 동양의 시오노 나나미일 것이다. 20살 초반의 시오노 나나미는 이 조그만 시골 별장에서 500년 전 마키아벨리의 '상실'을 온몸의 전율로 느꼈다. 시오노는 자신이 사랑한 문장가 마키아벨리가 경제적 궁핍으로 낙향한 시골마을을 찾아갔다. 시골마을 산탄드레아 산장을 방문한 후 그 산장의 뒤뜰에서 마키아벨리와 친구가 되었다. 아니 마키아벨리가 이해될 수밖에 없는 동질감과 공명(共鳴)을 느끼게 된다.

그 마당에 나가서 무심코 오른쪽으로 시선을 돌린 나는, 가슴이 예리한 칼날 같은 것으로 콱 찔리는 듯한 육체적 아픔을 느꼈다.

— 시오노 나나미. 나의 친구 마키아벨리. p. 24

자신이 현실에서 개혁해보고자 했던 공화국 피렌체가 문득 뒤뜰에 서면 아스라이 보이는 것이다. 마키아벨리는 혼자만의 시간에 이 뒤뜰을 배회하면서 수없는 상념에 사로잡혔을 것이다. 그리고 "무장한 예언자"를 대망했을 것이다. 그러나 마키아벨리가 이 시기에 지녔던

심정은 '상실'이 아닐까? 시오노가 보고 공명한 것 역시 '상실'이었을 것이다. 나는 아직도 이 작가가 20대에 그 당시로는 아주 생소했던 이탈리아로 무작정 떠난 이유를 알지 못한다. 아마도 추측하건대 1960년대 전공투의 상실을 안고 이탈리아로 홀연히 떠나버린 것이 아닌가 하는 상상을 할 때가 있다. 그래야 피렌체의 교외에 있는 시골 동네에서 마키아벨리와 시오노의 공명은 가능한 것이 아닐까 하는 즐거운 상상을 하곤 했다.

나 역시 혁명을 대망했던 마키아벨리나 또 그랬음직한 시오노 나나미처럼 1990년대 중반을 시골마을에서 '상실'로 채우고 있었다. 그리고 마키아벨리처럼 비슷한 역사 속을 유영하곤 했다. 그러나 그때는 공화주의에 대해서 시큰둥할 때였다. 역사 속의 낡은 보수적 이념에 지나지 않는다고 쉽게 생각했다.

그러나 베네치아 이후 공화의 눈을 통해서 서구 지성사를 바라볼 때 오랫동안 흩어져 있던 조각들이 하나의 거대한 모자이크로 자신의 원형을 내게 그대로 보여주었다. 공화주의가 역사 속으로 퇴장한 낡은 이론이 아니라 오늘 한국에서 숨 쉬고 있는 역동성으로 전이되어 다가왔다. 중등학교 사회교과서에서 처음을 아리스토텔레스의 '인간은 사회적 동물'이라는 명제가 왜 그 자리를 차지하고 있는지 이해되었다. 폴리비우스와 동시대를 살았던 키케로와 카이사르의 격론을 속속히 들여다보게 되었고 로마의 쇠망과 중세의 등장에서 라티푼디움이 어떻게 경제사를 넘어 정치사 속으로 들어오는지도 생동감 있게 느끼게 되었다.

무엇보다 영원한 숙제였던 마키아벨리가 공화주의를 통해 비로소 그 고민의 원액들을 전해주었다. 마키아벨리와 같은 자리에 설 때 그때야 그를 오롯이 이해하게 된 느낌이다. 그가 인간의 욕망과 현실사 이에서 느낀 고뇌와 공화주의의 이상 사이에서 어떤 갈등을 했을지가 공화주의를 통해 전해져 왔다. 시민혁명가들의 고민과 그 이후 대서양 양안에서 있었던 정치논쟁이 자연스럽게 이해되었다. 카토의 편지로 새로운 세상을 꿈꾼 그들이 있었기에 미국은 독립혁명 이후 오늘의 초석을 다지게 되었다.

아마도 서구의 어떤 마키아벨리 전공학자보다도 오늘날 한국의 사회과학자들이 마키아벨리를 더 생생히 이해할 수 있을 것이다. 키케로와 카이사르의 논쟁이 한창이었던 폴리비우스의 시대, 단테의 표현대로 환자처럼 신음하는 피렌체를 안쓰러워했던 마키아벨리의 시대, 새로운 세상의 지평이 필요했던 영국의 해링턴 시대, 부패 없고 파벌에 좌우되지 않는 새로운 국가를 만들었던 미국의 건국 아버지들의 시대, 그리고 새로운 공화가 탄생하려고 몸살을 앓고 있는 대한민국의 현재가 공화주의의 에너지가 생생히 살아 꿈틀거리는 시대들이기 때문이다. 서양의 전공자들은 역사 속의 화석을 다루는 훈고학적 공화주의를 연구하고 있지만 한국의 공화주의 연구자들은 서울시청과 광화문에서 살아 움직이는 공화의 에너지를 체험하고 있다. 책상 앞의 훈고학과 광장 속의 역동성 중 어느 것이 더 의미 있는 것인지는 너무나 자명하다.

▌ 공화적 에토스의 생성

출판사에서 넘어온 교정지를 다시 보고 넘긴 지금 서울시청 주변은 촛불집회로 인산인해를 이루고 있다. 집권자들(Magistrates)은 이 촛불집회가 휘발성 강한 일회성 정치 이슈로 마감되기를 간절히 바라고 있을 것이다. 그러나 이 촛불집회의 진앙지는 좀처럼 쉽게 사그라지지 않을 것이다. 오히려 중요한 정치적 국면에서 지속적이고 반복적으로 서울시청과 광화문을 채울 것이다. 한동안 정치의 중심은 여의도 국회의사당이 아니라 시민대집회가 될 것이다. 모든 권력의 궁극적 원천이 시민에게 있고 이 시민대집회가 제도화되어가고 있다. 베네치아에서도 시민대집회(General Assembly)는 공화국의 국회(Great Council)와 함께 권력의 쌍벽을 이루었다. 중요한 입법이나 국가원수의 선출은 원래 국회가 아니라 성 마르코 광장에 운집한 시민대집회에서 결정되었다. 그리고 그 결정과정은 환희와 축제의 의식이기도 했다.

이미 한국 정치는 베네치아와 같이 시민대집회와 국회의 이중권력으로 되었다. 시민과 호흡하지 못하는 국회의 역할은 제한적일 수밖에 없다. 이러한 공백을 시민대집회가 메워갈 것이다. 이 시민대집회의 에너지는 공화적 에토스에서부터 나온다. 이 에너지는 때로는 잔잔한 물결로, 때로는 분노한 화염으로 한국정치의 핵심적 원동력이 될 것이다. 그리고 한국 정치를 중요한 국면에서 결정짓는 직접 민주 정치의 원류가 될 것이다. 제도권 정치와 정당이 한국적 에토스를 수용하지 못하는 한 이 원류는 계속해서 주기적으로 분출할 것이다. 제도권 정치가 1987년 이후에 성장한 공화적 에토스를 수용하지 못하는 한, 시민대집회는 무정형의 형태로 앞으로 한국 정치를 판결하는 직접민주주의의 심판자가 될 수도 있다.

촛불집회의 형태로 등장하고 있는 시민대집회의 진앙지는 공화적 에토스이다. 그리고 이러한 시민대집회가 가능한 가장 손쉬운 이유는 "민주화 이후 어느 누구도 시민들의 입을 막을 수 없고 발을 묶을 수 없기 때문이다." 민주화의 가장 큰 과실은 어떤 위정자도 억압적으로 시민들의 자유발언을 막을 수 없다는 것이다. 이런 정치적 분위기가 인터넷이라는 공간과 결합하여 시민들의 직접적인 참여로 나타나고 있다. 이들은 누구나 자유롭게 말하고 어디든지 갈 수 있다. 천년 공화국 베네치아에서도 시민들의 여론을 주도한 것은 리알토(Rialto) 다리 근처에서 활동한 부유한 거주상들의 신문이 아니라 공방과 거리를 자유롭게 뛰어다니며 소문을 전한 베네치아의 재기발랄한 꼬마들의 입이었다. 이 입들은 성 마르코 광장에 동지중해의 소식을 싣고 온 배에서 가장 먼저 소식을 전해 듣고 베네치아 전역으로 퍼뜨렸다. 공화국 국회에서 일어난 사건을 가장 먼저 6구제 전체 지역에 전한 것도 이 꼬마들의 입이었다. 인구 15만 정도가 사는 도시국가에 주요 뉴스가 전달되는 되는 데는 채 몇 시간이 지나지 않았다. 이런 나라에서 위정자가 언론을 통제한다는 것은 어불성설이다.

막으면 막을수록 입소문은 눈덩이처럼 불어났다. 그래서인지 몰라도 베네치아의 어느 위정자도 언론을 통제하려고 하지 않았다. 중세의 다른 나라, 다른 도시에서 구할 수 없는 금서를 베네치아에서는 자유롭게 구할 수 있었고 유럽의 정치범들이 안심할 수 있는 휴식처가 바로 베네치아였다. 루터의 교황에 대한 반박문도 독일에는 구하지 못해도 베네치아에서는 어디서나 구할 수 있는 문건이었다.

민주화 이후 시민들의 열린 언론은 인터넷을 통해 몇 시간 안에 전국으로 번져나간다. 밀집한 도시가 많은 한국에서는 여론의 전파 속도가 베네치아의 도시국가 못지않다. 여론의 속도에서 이제 한국의 인터넷 매체는 직접 민주주의를 가능하게 만들었다. 도시국가에서나 가능할 것이라 생각했던 쌍방향 의사소통과 토론이 영토국가 한국에서도 가능한 조건을 맞이하고 있다. 이 역동성으로 어느 때인가는 결국 청와대로 가서 대통령을 시민들이 불러낼 것이다. 아니면 이렇게 불려 나와 대화할 수 있는 인물을 다음의 대통령으로 선택할 것이다.

시민대집회가 가능하게 만든 공화적 에토스는 1987년 민주화의 산물이다. 대규모 대중집회는 1987년에도 있었다. 그러나 민주화 운동 당시의 대중집회와 현재의 시민대집회는 근본적으로 성격을 달리한다. 1987년 당시와 이전은 민주 - 반민주의 단일한 전선이 있었고 집회의 핵심적 지도부가 단일하게 구성되어 있었다. 양 진영의 기세싸움에 시민들은 자유롭게 발언하기보다는 집단적 규율에 강제되었다. 민주화 이전에는 대규모 집회는 있었어도 공화주의적 자발성에 기초해 있지 않았다. 억압된 반민주를 더 큰 물리력으로 맞받아쳐야 한다는 민주화의 논리가 우선이었다.

공화적 에토스는 1987년 민주화 이후 새로운 시민과 자유의식이 싹틈으로써 비롯되었다. 이것이 집단적으로 나타난 것은 1997년 IMF 위기 당시 '금 모으기' 운동이었다. 금 모으기 운동은 공화주의의 중요한 원천인 애국주의(patriotism)의 형태로 순식간에 등장하였다. 자유시민들의 자유의사에 의해 나타났던 공화주의적 에토스의 대중적 시작이었다. 이 애국주의는 외환위기 극복을 위해 중산층과 노동자, 농민이 희생을 감내하게 하는 힘의 원천이기도 했다. 금 모으기로 시작된 거국일치의 연대감이 대규모 구조조정이란 극약처방을 수용하게 만들었다.

이렇게 시작된 공화적 에토스는 2002년 월드컵과 미선·효순 사건을 계기로 한 단계 진화한다. 좀 더 정제되고 내적으로 성숙한 모습을 보이기 시작한다. 서울시청 앞에 모인 월드컵의 열기는 그 이전의 전투적 민족주의와 달리 공동체의 축제로 승화되었다. 민주화 이후 새로운 대중집회의 서막을 알렸다. 그해의 미선·효순 사건을 계기로 촛불집회는 민주화 이후의 시민대집회의 새로운 형식을 구체화하였다. 이때부터 공화적 에토스에 근거한 새로운 대중운동이 등장하게 되었다.

이 공화적 에토스의 에너지 일부가 당시 대통령 선거에서 노사모라는 형태로 제도권 정치의 일부와 결합되었다. 그러나 보다 근본적인 에너지의 원류들은 여전히 시민 속에 잠복해 있었다고 할 수 있다. 그리고 2007 대통령 선거에서 특징은 이 공화적 에토스와 개혁정당의 결별이라고 할 수 있다. 이전의 공화적 에토스는 민주화 세력과 일정한 동질감과 연대를 갖고 있었다. 그래서 국민의 정부와 참여정부의 탄생에 일정한 지원을 하게 된다. 그러나 2007년 대선에서 공화적 에토스는 개혁정당에 대한 지지를 철회하였다. 민주화 운동을 통해 공화적 에토스가 진화했지만 더 이상 개혁정당을 일방적으로 지지하지 않게 된 것이다. 이후 공화적 에토스는 독립적으로 움직이고 있다. 개혁정당도 보수정당도 공화적 에토스를 수용하지 못하고 있다. 촛불집회라는 시민대집회에서 어떤 제도권 정치세력도 주도적 위치를 차지하지 못하고 있는 것이 이를 단적으로 보여준다.

그러나 공화적 에토스가 정치적 이슈에만 등장하는 것은 아니다. 태안 기름유출사고로 인한 피해가 확대되어갔을 때 이 지역을 복구하기 위해 전국적인 수준에서 자원봉사가 이루어졌다. 이를 공동체(commune)의 연대감(solidarity) 이외에 달리 무엇으로 표현할 수 있는가? 내 가족과 지역이라는 좁은 틀을 벗어나 하나의 공동체로서 동질감을 키워나고 있는 것이다.

▌공화적 에토스의 특징

1997년 이후 본격적으로 등장한 한국의 공화적 에토스는 고전적 공화주의의 내용을 고스란히 응축하고 있다. 폴리비이스의 혼합정체(mikte)가 가장 전형적으로 나타났던 삼두정치 이전의 초기 로마시대나, 제4차 십자군 원정으로 비잔틴 제국을 움켜쥔 베네치아나, 영국의 기득권력을 몰아내고 새로운 공화국 건설의 꿈에 부풀어 있던 건국 초의 미국이나, 비슷한 에토스를 내포하고 있었을 것이다.

이러한 공화적 에토스가 살아 숨 쉬는 마키아벨리적 순간들(Machiavellian moment)은 역사에서 찾아내기가 흔치 않다. 그만큼 그 공동체에는 공동체의 부흥을 위해 중요한 기회의 순간이다. 아마도 한국에서도 이런 에너지는 지난 100년간 없었고 앞으로 100년 이상 달리 찾아오지 않을 수 있다.

독재를 몰아내고 민주화된 사회에서 새로운 질서를 향한 에너지가 분출되기 마련이다. 프랑스도 대혁명 이후 100년 동안 혁명과 반혁명이 반복되는 몸살을 앓았다. 그리고 경제적 성공은 정치적 안정으로 이어질 때 비로소 그 사회는 안정성과 지속성을 확보한다. 베네치아 역시 14세기의 경제적 성공을 그라데니고의 정치개혁을 통해 안정화시켰다.

한국의 현실적 상황도 바로 이 지점에 맞닿아 있다. 이 지점에서 사회는 다양한 에너지가 분출하는 역동성을 특징으로 한다. 민주화에 따라 정치적으로 열린 공간에서 다양한 목소리가 표출된다. '그 누구도 시민들의 입을 막을 수 없다.' 그리고 다양한 이익집단들이 본격적으로 그 집단의 이해관계를 주장하게 된다. 이 시점에서 이탈리아 도시국가들은 두 가지 길을 걷게 된다. 다양한 목소리를 사회적 합의로 도출하지 못하는 경우 정쟁이 격화되고 이에 따라 시민들은 정치제도에 환멸을 느끼게 된다. 이때를 틈타 대귀족이나 참주가 수구적인 방식으로 혼란을 잠재우고 군주국으로 회귀하는 경우이다. 또 다른 길은 베네치아의 경우로 다양한 에너지를 제도화하여 사회적 합의를 통해 안정적인 국정운영으로 이끄는 경우이다. 한국 역시 앞으로 공화적 에토스는 시민대집회의 형식으로 주기적으로 반복될 것이다. 이때 경우에 따라서는 데마고그(demagogue)가 출현하기도 하고 국정혼란이 가중될 수도 있다. 우려스러운 것은 이에 대한 반동으로 복고적인 일인지배의 참주나 소수지배의 기득권력으로 회귀하는 것이다.

자유로운 시민성에 바탕한 공화적 에토스가 안정적 국정운영으로 이어지기 위해서는 우선적으로 공화적 에토스의 특징을 진단하고 이에 부합하는 공화적 정치로 대응해야 할 것이다. 1997년 이후 주기적으로 표출되는 공화적 에토스는 이미 우리에게 익숙한 공화주의적 전통과 맥이 닿아 있다.

첫째, 애국주의(patriotism)의 내면화이다. 이 애국주의가 극명하게 표현된 사례들은 한국의 공화적 에토스를 고스란히 드러낸다. 1997년의 금 모으기 운동은 애국주의가 외부로 향해 표출된 최초의 대표적 사례이다. 나라를 구해야 한다는 거국일치의 단결은 모든 시민을 하나로 묶어 세웠다. 돌 반지에서 금괴까지 내핍과 헌신이 나라 구하기의 정서에서 출발되었다. 2002년 월드컵 역시 마찬가지이다. 이때 그 이전까지 엄숙하기만 했던 태극기가 축제의 공간에서 대중적 상징으로 재탄생했다. 그 이전의 민족주의(nationalism)와는 다른 차원에서 조국(patria)에 대한 사랑이 표출되기 시작했다. 민족이 혈연과 지연을 바탕으로 한 것이라면 애국주의는 공공선을 공유하는 공동체의 구성원으로서 느끼는 조국에 대한 애정인 것이다. 맹목적 국익우선주의가 아니라 공동체의 구성원이 함께 향유하고 헌신하는 보다 자발적 참여가 강조된 애국이 바로 공화적 애국주의이다.

2002년 미선·효순 사건으로 발화한 촛불집회 역시 공화적 애국주의를 바탕에 깔고 있다. 미선·효순 사건에 대한 반발로 나타난 2002년 촛불집회는 단순히 반미감정을 자극한 안티성 집회가 아니었다. 상대가 미군이거나 아니거나가 중요한 것이 아니라 우리의 공화국 안에서 우리의 시민을 우리가 지켜야 한다는 국민적 공감에서 출발하고 있다. 한미 관계를 원점에서 다시 생각해보고 일방적 한미동맹이 아니라 공동체와 구성원의 자위와 자강을 바탕으로 하는 새로운 애국주의를 출발로 해서 대등한 동맹관계를 추구하자는 민주화 이후의 요구가 대중적으로 표출된 사례이다. 한미동맹은 중요하다. 그렇지만 그 이전에 공동체의 애국주의를 바탕에 깔고 보다 대등한 동맹관계로 진전하자는 요구의 표출이었다.

애국주의는 한국의 공화적 에토스의 첫 번째 덕목이 되었다. 이 애국주의는 국제적 스포츠 경쟁에서, 한미관계의 국제정치에서, 세계화 시대의 통상마찰에서, 동아시아의 연대에서, 그리고 새로운 남북관계에서 지속적으로 등장할 것이다.

둘째는 공동체(commune)의 연대(solidarity)이다. 대표적인 사례로 1997년의 금 모으기 운동과 2007년 태안기름유출 사건 이후 자원봉사활동이다. 특히 태안의 자원봉사자들의 자발적 참여는 공동체의 연대 이외에 설명할 수 있는 방법이 없다. 태안에 참여한 봉사자들의 특징은 지역, 연령, 직업에 상관없이 전 국민적인 차원에서 진행되었다는 것이다. 지역주의와 가족중심주의가 여전히 위력을 발휘하고 있는 우리 사회에서 이는 새로운 흐름이다. 연대는 동질감에서부터 출발하고 일체감이나 동질감은 그 이전에는 지연이나 혈연을 중심으로 작동하였다. 그리고 그 범위는 상당히 제한적인 일차집단적인 성격을 지니고 있었다. 그러나 태안의 자원봉사는 이런 범위를 뛰어넘는 새로운 연대의 가능성을 보여주었다. 대한민국을 하나의 공동체로 인식하는 경향성이 생겨난 것이다. 지역주의와 연고주의를 뛰어넘어 새로운 연대의 단초가 생성되고 있는 것이다.

한 가지 짚고 넘어가야 할 것은 연대의 반대로서 사회적 배제(social exclusion)가 서구 사회에서 중요한 사회적 쟁점으로 등장했다는 점이다. 특히 1990년대 이래 기든스(Giddens)에 의해 이 개념은 현대 사회가 해결해야 할 가장 근본적인 사회문제로 진단되고 있다.

그러나 한국 사회는 아직 서구 사회에서 나타나는 정도의 사회적 배제가 일어나고 있는 것은 아니라고 본다. 양극화가 진행되고 있지만 여전히 공동체의 구성원으로서 동질감을 형성하고 있고 지역공동체에서도 서구와 같은 극심한 지역적 갈등이 집단화되어 있지는 않다고 볼 수 있다. 그러나 현재의 상태가 방치된다면 우리도 머지않은 장래에서 서구와 같은 사회적 배제가 문제될 수 있을 것이다.

이러한 현재의 상태 때문에 한국의 공동체 연대의식은 서구보다 나은 토양을 가졌다고 할 수 있을 것이다. 연고주의를 넘어서는 공동의식이 생겨나는 가운데 사회적 배제 역시 빠르게 진행되고 있다. 어느 방향으로 가느냐는 결국 우리의 선택의 문제가 될 것이다.

셋째, 자유시민들의 자발적 참여이다. 동원되지 않는 대중운동은 공화주의의 근간이다. 베네치아에서도 성 마르코 광장에 정치적 쟁점으로 시민들은 원수의 선출과 주요 입법에서 참정권을 행사하였다. 이보다 중요하게는 전문직종의 조합인 길드에서 다양한 자치적인 참여가 일어났다. 각 집단의 정치적 욕구들은 자발적 참여를 통해 해소했으며 이 조직들은 또한 축제와 연결되어 있어 시민들의 일체감 형성의 기초가 되기도 하였다.

1997년 금 모으기 운동 이래로 공화적 에토스의 표출은 언제나 시민들의 자발적이고 적극적 참여를 통해 이루어졌다. 동원되지 않는 시민대집회라는 새로운 형식이 자리를 잡아가고 있다. 민주화 이전 정권들은 다양한 수단으로 대중을 동원하였다. 민주화 운동 역시 조직을 근간으로 대중의 참여를 유도하는 동원수단을 강구했음을 부인할 수 없을 것이다. 그러나 공화적 시민대집회에서는 동원보다는 자발적 참여가 더 위력을 발휘하고 있다. 이러한 참여의 자발성은 집회를 발랄한 축제의 공간으로 만들고 있다.

넷째, 간섭의 배제와 법의 공정이다. 공화주의에서 '자유는 간섭의 배제'이다. 촛불집회에 참여하는 시민들은 독립적이고 자립적인 주권자들이다. 공화주의가 가장 경계하는 것은 권력자의 부패이다. 자의적 권력의 사용에 의해 권력형 부패가 발생하게 된다. 민주화 이후 시민들이 가장 분노하는 것은 권력형 부패이다. 대형부패사건은 시민들을 거리로 불러냈다. 시민들은 권력도 국민과 마찬가지로 법 앞에 평등할 것을 요구하고 있다. '법 앞의 평등(isonomia)'는 공화적 정의(justice)의 근간이다. 법이 모든 인간에 동등할 것을 요구하고 있다. 공화적 정의는 정치적인 것에 그치지 않고 경제적 평등을 지향한다.

시민들은 부당한 간섭을 받지 않기를 원하며 법의 공정을 당연한 권리로 강조한다. 이에 대한 부당한 침해가 일어났다고 믿는 순간 또 다른 시민대집회로 이어질 것이다.

다섯째, 자유(liberty)와 공공선(res publica)의 적절한 균형이다. 지난 20년 동안 자유가 너무 강조된 나머지 공공선에 대한 요구를 정치는 담아내지 못하고 있다. 신자유주의는 도그마가 되어 공공선을 미신에 불과한 것으로 힐난하고 있다. 그러나 건강한 사회는 자유와 공공선이 균형을 이룬 사회이다. 우리 사회는 건국 이후 한 번도 본격적으로 공공선에 대해 진지한 모색을 한 예가 없다. 그러나 시민들은 공공선에 대한 진지한 요구를 하고 있다. 신자유주의 일방이 국가적 문제를 해결해주지 못할 것이라는 신념이 궁극적으로 촛불집회로 표현된 것이 아닐까?

▌ 공화주의의 길

1987년 민주화 이후 주기적으로 분출되고 있는 공화적 에토스의 엄청난 화마(火魔)를 누가 어떻게 묶어낼 것인가? 올바른 길잡이 없이는 이 화마는 국가를 삼켜버릴 만큼 거세질 수도 있을 것이다. 그러나 이 에너지가 적절히 제어되기만 한다면 이 민주공화국은 세계가 부러워할 공동체(commune)가 될 것이다. 이 에너지 자체가 공화국을 발전시킬 원동력이기 때문이다. 이런 에너지는 아무 사회에나 어느 때나 생기는 것이 아니다.

민주화로 자유시민들이 주체로 서 있는 사회, 시민들의 자존(self-respect)이 가능한 경제적 능력이 바탕이 되어야 응축된 공화적 에토스가 분출되는 것이다. 이런 폭발적인 에너지는 20세기 역사 이후 한국을 제외하고 다른 나라에서 찾아볼 수 없다. 민주화와 산업화를 거친 나라에서만 가능한 일이기 때문이다. 서구 사회를 제외하고 이런 역사적 체험을 하고 있는 나라는 한국뿐이다.

우리의 능력과 지혜에 따라서는 베네치아 천 년 공화국과 같이 세계가 부러워하는 걸출한 시대를 만들어낼 수도 있을 것이다. 공화적 에토스는 새로운 가능성의 세상이다. 이 공화적 에토스에서 분출되는 에너지로 어떤 걸출한 인물과 걸출한 세력이 또 하나의 역사를 만들어갈까?

현재 제도권 정당에서 그 실마리를 찾기는 역부족일 듯싶다. 보수정당이나 개혁정당 그리고 진보정당까지 이런 에토스를 이해하고 공화적 비전과 정책을 만들어내지는 못하고 있다. 공화적 에토스를 제도권 정당 누구도 수용하고 있지 못하는 것이다. 달리 말하면 어떤 정치세력이라도 "자신들 하기 나름이다". 이 기회를 포착해서 공화적 에토스를 제어할 능력을 보여준다면 시민들의 자연스런 지지를 얻어낼 것이다.

어떤 세력과 어떤 인물들이 이 일을 해내는지 지켜보는 것도 자못 흥미진진한 일이다. 마키아벨리적 순간들을 2000년대 한국에서 체험할 수 있는 일은 공화주의 연구자에게는 더없는 행복이다. 그리고 연구자로서 개인적 희망은 마키아벨리의 숙명보다는 콘타리니의 행복으로 살고 싶다. 신음하는 공화국 피렌체를 고민했던 마키아벨리는 위대한 정치사상가가 되었는지는 몰라도 그의 조국의 현실에 매 순간 괴로워했을 것이다. 콘타리니는 한 번도 그의 조국 베네치아를 회의하거나 부정한 적이 없는 행복을 맛보았다. 이류사상가로 만족해야 했지만 안정되고 부강한 그의 공화국을 자랑스럽게 지켜보면서 일생을 마감했다.

즐거운 상상을 해본다. 이번 여름쯤 베네치아의 리알토 다리를 시오노 나나미와 거닐며 14세기 베네치아 속으로 들어가면 어떨까? 걸출한 시대의 걸출한 인물과 강건한 뱃사람들을 만날 수 있지 않을까? 관광도시로 퇴락한 휴양지, 베네치아가 아니라 역사 속에 살아 숨쉬는 천 년 공화국, 통상국가 베네치아의 건실한 상인들을 만나고 싶다. 마키아벨리아가 관복을 입고 옛 궁전에서 옛 위인들을 만났듯이.

참고문헌

강 민 외. 1991. 『국가와 공공정책: 한국 국가이론의 재조명』. 법문사.

강혜윤. 2007. 『프랑스대혁명의 전쟁 수행과 세계시민공화주의 이상의 좌절 (1789~1815)』. 서울대학교 석사학위논문.

경향신문 특별취재팀. 2007. 『민주화 20년의 열망과 절망 진보·개혁의 위기를 말하다』. 후마니타스.

곽준혁. 2007. 「정치적 수사와 민주적 리더십」. 세종연구소.

권용립. 2003. 『미국의 정치문명』. 삼인.

_____. 1990. 『"미국적 보수주의" 연구』. 서울대학교 박사학위논문.

기든스. 앤서니. 2004. 『노동의 미래』. 신광영 옮김. 을유문화사.

_____. 2002. 『제3의 길과 그 비판자들』. 박찬욱 외 옮김. 생각의 나무.

_____. 2000. 『제3의 길』. 한상진·박찬욱 옮김. 생각의 나무.

_____. 1997. 『좌파와 우파를 넘어서』. 김현옥 옮김. 한울.

김병국. 1999. 『한국의 보수주의』. 인간사랑.

김성엽. 2006. 『소수의 미덕, 다수의 자유 — 알렉산더 해밀턴의 중앙집권화 구상』. 서울대학교 석사학위논문.

김영순. 1996. 『복지국가의 위기와 재편 영국과 스웨덴의 경험』. 서울대학교 출판부.

갤브레이스, 존. 2006. 『풍요한 사회』-출간40주년 기념판. 노택선 옮김. 한국
　　경제신문사.

나종일·송규범. 2005. 『영국의 역사』, 상·하. 한울아카데미.

노직, 로버트. 2003. 『아나키에서 유토피아로 — 자유주의 국가의 철학적 기초』.
　　남경희 옮김. 문학과지성사.

노진경. 2005. 『해링턴(J. Harrington)의 혼합정체사상 기원의 신검토』. 서울
　　대학교 석사학위논문.

로크, 존. 1996. 『통치론: 시민정부의 참된 기원, 범위 및 그 목적에 관한 시론』.
　　강정인·문지영 옮김. 까치.

롤즈, 존. 2003. 『정의론』. 황경식 옮김. 이학사.

리돌피, 로베르토. 2002. 『마키아벨리 평전』. 아카넷.

닉슨, 리처드. 1982. 『20세기를 움직인 지도자들』. 박정기 옮김. 을지서적.

브루니, 레오나르도. 2002. 『피렌체 찬가』. 임병철 옮김. 책세상.

스트라우스, 레오. 1958. 『마키아벨리』. 함규진 옮김. 구운몽.

맥퍼슨, C. B. 1991. 『소유적 개인주의의 정치이론: 홉스에서 로크까지』. 이유
　　동 옮김. 인간사랑.

뮬홀, 스테판 & 애덤 스위프트. 2001. 『자유주의와 공동체주의』. 김해성·조
　　영달 옮김. 한울아카데미.

바크, 어네스트 외. 1995. 『로크의 이해』. 강정인·문지영 옮김. 문학과지성사.

박성래. 2005. 『부활하는 네오콘의 대부 레오스트라우스』. 김영사.

박순성. 2003. 『아담 스미스와 자유주의』. 풀빛.

박지향. 1997. 『영국사 보수와 개혁의 드라마』. 까치.

베일린, 버나드. 1999. 『미국혁명의 이데올로기적 기원』. 배영수 옮김. 새물결.

부크홀츠, 토드. 2002. 『죽은 경제학자의 살아 있는 아이디어: 현대 경제사상
　　의 이해를 위한 입문서』. 이승환 옮김. 김영사.

스미스, 애덤. 2003. 『국부론(상)』. 김수행 옮김. 비봉출판사.

_____. 1992. 『국부론(상)(하)』. 정해동·최호진 옮김. 범우사.

시오노 나나미. 1995. 『바다의 도시 이야기: 베네치아공화국 1천년의 메시지』. 정도영 옮김. 한길사.

_____. 1995. 『나의 친구 마키아벨리』. 오정환 옮김. 한길사.

센, 아마티아. 2001. 『자유로서의 발전』. 박우희 옮김. 세종연구원.

아이작, 로버트 A. 2006. 『세계화의 두 얼굴』. 강정민 옮김. 이른아침.

안병영·임혁백 편. 2001. 『세계화와 신자유주의: 이념·현실·대응』. 나남출판.

안청시·정진영 편. 2000. 『현대 정치경제학의 주요 이론가들』. 아카넷.

이근식. 2006. 『애덤 스미스의 고전적 자유주의』. 기파랑.

이상경. 2004. 『미국 연방헌법의 사상적 배경에 관한 연구 ― 공화주의 사상을 중심으로』. 서울대학교 석사학위논문.

임채원. 2005. 『보수의 빈곤과 정책담론』. 한울아카데미.

_____. 2006. 『신자유주의를 넘어 사회투자국가로』. 한울아카데미.

_____. 2007. 『사회투자국가, 미래한국의 길』. 한울아카데미.

장하준. 2004. 『사다리 걷어차기』. 형성백 옮김. 부키.

정윤석. 2001. 『아렌트와 공화주의의 현대적 전개』. 서울대학교 박사학위논문.

정원규. 2001. 『도덕합의론과 공화민주주의 ― 롤즈와 하버마스의 이론을 중심으로』. 서울대학교 박사학위논문.

조승래. 1994. 『18세기 공화주의 연구 ― 신해링턴주의에서 「스펜소니아」까지』. 서강대 대학원 사학과 논문.

최장집. 2005. 『민주화 이후의 민주주의(개정판)』. 후마니타스.

스키너, 퀜틴. 1998. 『퀜틴 스키너의 자유주의 이전의 자유』. 조승래 옮김. 푸른역사.

톰 홀랜드. 2003. 『공화국의 몰락』. 김병화 옮김. 웅진닷컴.

하이에크, 프리드리히 A. 2004. 『치명적 자만』. 신중섭 옮김. 자유기업원.

_____. 2001. 『법·입법 그리고 자유 II: 사회적 정의의 환상』. 민경국 옮 김. 자유기업원.

_____. 1999. 『노예의 길』. 김영청 옮김. 자유기업센터.

_____. 1997. 『법·입법 그리고 자유 III: 자유사회의 정의질서』. 서병훈 옮 김. 자유기업센터.

_____. 1997. 『자유헌정론 I, II』. 김균 옮김. 자유기업센터.

_____. 1990. 『자본주의냐 사회주의냐』. 민경국 옮김. 문예출판사.

하일브로너, 로버트 L. 2005. 『세속의 철학자들』. 장상환 옮김. 이마고.

한국은행. 2006. 『알기 쉬운 경제지표 해설』.

한반도사회경제연구회. 2007. 『한반도경제론』. 창비.

허승일. 1997. 『로마공화정』. 서울대학교 출판부.

Armitage, David. 2006. *British Political Thought in History, Literature and Theory, 1500-1800*. Cambridge University Press.

Bernard Bailyn. 1967. *The Ideological Origins of the American Revolution*. The Belknap Press Harvard University Press.

Bresser, Luiz Carlos. 2004. *Democracy and Public Management Reform: Building the Republican State*. Oxford University Press.

Buchholz, Todd G. 1999. *New Ideas from Dead Economists*. Plum.

Colling, R. G. 1942. *New Leviathan*. Oxford University Press.

Commission on Social Justice/IPPR. 1994. *Social Justice: Strategies for National Renewal*. Vintage.

_____. 1993. *Social Justice in a Changing World*. IPPR.

De Gaulle, Charles. 1960. The Edge of the sword. trans. by Getald Hopkins. New York. Criterion Books.

Esping-Andersen, Gøsta. 2002. *Why We Need a New Welfare State*. Oxford University Press.

_____. and Duncan Gallie et al. 2001. *A New Welfare Architecture for Europe?* Report submitted to the Belgian Presidency of the European Union.

_____. 1999. *Social Foundations of Postindustrial Economies.* Oxford University Press.

_____.(ed.). 1996. *Welfare States in Transition: National Adaptations in Global Economies.* Sage Publications Ltd.

_____. 1990. *The Three Worlds of Welfare Capitalism.* Princeton University Press.

Etzioni, Amitai. 2004. *The Common Good.* Polity Press.

_____. 2000. *The Third Way to a Good Society.* Demos.

_____. 1996. *The New Golden Rule: Community Morality in a Democratic Society.* Basic Books.

_____. 1995. *New Communitarian Thinking: Persons, Virtue, Institutions, and Communities.* University of Virginia Press.

_____. 1993. *The Spirit of Community: Rights, Responsibilities, and the Communitarian Agenda.* Crown Publishers Inc.

Fontana, Biancamaria. 1994. *The invention of the modern republic.* Cambridge University Press.

Foote, Geoffrey. 2006. *The Republican Transformation of Modern British Politics.* Palgrave macmillan.

Fuente, Angel de la. 2003. *Human Capital in a Global and Knowledge-based Economy, Part II: Assessment at the EU Country Level.* CSIC.

Giddens, Anthony and Patrick Diamond(eds.). 2005. *The New Egalitarianism.* Polity Press.

Giddens, Anthony. 2003. *The Progressive Manifesto: New Ideas for the*

Centre-Left. Polity Press.

_____. 2002. *Where Now for New Labour?*. Polity Press.

_____. 2000. *The Third Way and Its Critics*. Polity Press.

_____. 1998. *The Third Way: The Renewal of Social Democracy*. Polity Press.

_____. 1995. *Beyond Left and Right: The Future of Radical Politics*. Stanford University Press.

Gilbert, Neil and Amitai Etzioni. 2004. *Transformation of the Welfare State: The Silent Surrender of Public Responsibility*. Oxford University Press.

Gilens, Martin. 2000. *Why Americans Hate Welfare: Race, Media, and the Politics of Antipoverty Policy*. University of Chicago Press.

Hacker, Jacob S. 2002. *The Divided Welfare State: The Battle over Public and Private Social Benefits in the United States*. Cambridge University Press.

Harvey, David. 2005. *A Brief History of Neoliberalism*. Oxford University Press.

Hayek, Friedrich A. 1994. *The Road to Serfdom; Fiftieth Anniversary Edition*. University of Chicago Press.

_____. Hayek, Friedrich A. 1982. *Law, Legislation and Liberty I , II, III-* one volume edition. Routledge & Kegan Paul.

_____. 1979. *Law Legislation and Liberty: Vol. III: The Political Order of A Free People*. Routledge & Kegan Paul.

_____. 1976. *Law Legislation and Liberty: Vol. II: The Mirage of Social Justice*. Routledge & Kegan Paul.

_____. 1960. *The Constitution of Liberty*. University of Chicago Press.

Heckscher, Eli F. 1955. *Mercantilism*. Vol. 2. George Allen & Unwin Ltd.

Honohan, Iseult and Jennings, Jeremy. 2006. *Republicanism in Theory and Practice*. Routledge.

Jane Jenson et al. 2003. "New Routes to Social Cohesion?". *Canadian*

Journal of Sociology, 28(1).

Jenson, Jane and Denis Saint-Martin. 2002. "Building Blocks for a New Welfare Architecture: From Ford to LEGO?". Prepared for the Annual Meeting of the Political Science Association.

Jenson, Jane. 2001. "Social Citizenship in the 21st Century Canada: Challenges and Options." The 2001 Timlin Lecture.

_____. 1998. "Mapping Social Cohesion: The State of Canadian Research." *CPRN Study,* No. F/03.

Lane, Frederic. C. 1973, *Venice, A Maritime Republic,* Johns Hopkins University Press.

Levitas, Ruth. 2000. "Community, Utopia and New Labour." *Local Economy,* vol. 15. No. 3. pp.188~197.

Lister, Ruth. 2003. "Investing in the Citizen-workers of the Future." *Social Policy & Administration.* October. pp. 427~443.

Midgley, James. 1999, "Growth, Redistribution, and Welfare: Toward Social Investment." *Social Service Review.* University of Chicago.

Miliband, David(ed.). 1994. *Reinventing the Left.* Polity Press.

Norman, Daniels. 1996. *Justice and Justification Reflective Equilibrium in Theory and Practice.* Cambridge University Press.

Nozick, Robert. 1974. *Anarchy, State, and Utopia.* Basic Books.

Pearce, Nick and Will Paxton(eds.). 2005. *Social Justice: Building a Fairer Britain.* IPPR.

Perkins, Daniel et al. 2004. "Beyond Neo-Liberalism: the Social Investment State?" *Social Policy Working Paper* No. 3. The Center for Public Policy.

Pierson, Paul(ed.). 2001. *The New Politics of the Welfare State.* Oxford University Press.

Pocock J. G. A. 1975. *The Machiavellian Moment Florentine Political Thought and the Atlantic Republican Tradition.* Princeton University Press.

_____. 1992. *The Commonwealth of Oceana and A System of Politics.* Cambridge University Press.

_____. 1980. *Three British Revolutions: 1641, 1688, 1776.* Princeton University Press · Princeton, New Jwrsey.

Quadagno, Jill. 1996. *Color of Welfare: How Racism Undermined the War on Poverty.* Oxford University Press.

Rawls, John. 1999. *A Theory of Justice- Revised Edition.* Belknap, Harvard University Press.

Roth, Timothy P. 2007. *Morality, Political Economy and American Constitutionalism.* Edward Elgar.

Schmoller, Gustav. 1884. *The Mercantile System and Its Historical Significance.* Reprints of Economic Classics.

Sellers, M. N. 1994. *American Republicanism: Roman Ideology in the United States Constitution.* Macmillan.

Smith, Adam. 1977. *An Inquiry into the Nature and Causes of the Wealth of Nations.* Edwin Cannan(ed.). University of Chicago Press.

Sullivan, Vickie B. 2004. *Machiavelli, Hobbes, and the Formation of a Liberal Republicanism in England.* Cambridge University Press.

Swank, Duane. 2002. *Global Capital, Political Institutions, and Policy Change in Developed Welfare States.* Cambridge University Press.

Weinstock, Daniel & Nadeau, Christian. 2004. *Republicanism: History, Theory and Practice.* Frank Cass Publishers.

Wood, Gordon S, 1969. *The Creation of The American Republic, 1776-1787.* Norton.

찾아보기

지은이_ **임채원**

서울대학교 인문대학 졸업
서울대학교 행정대학원 박사 수료
한국의회발전연구회 연구원
수원대학교 강의
한국행정연구소 연구원

저서: 『보수의 빈곤과 정책담론』(한울, 2005)
　　　『신자유주의를 넘어 사회투자국가로』(한울, 2006)
　　　『사회투자국가』(한울, 2007)

한울아카데미 1040

공화주의적 국정운영

ⓒ 임채원, 2008

지 은 이 • 임채원
펴 낸 이 • 김종수
펴 낸 곳 • 도서출판 한울
편　　 집 • 김경아

초판 1쇄 인쇄 • 2008년 6월 20일
초판 1쇄 발행 • 2008년 6월 30일

주소(본사) • 413-832 파주시 교하읍 문발리 507-2
　　(서울사무소) • 121-801 서울시 마포구 공덕동 105-90 서울빌딩 3층
전　　 화 • 영업 02-326-0095, 편집 02-336-6183
팩　　 스 • 02-333-7543
홈페이지 • www.hanulbooks.co.kr
등　　 록 • 1980년 3월 13일, 제406-2003-051호

Printed in Korea.
ISBN 978-89-460-5040-2　93340

* 책값은 겉표지에 표시되어 있습니다.